챗GPT 전쟁

실리콘밸리는
지금 무엇을
준비하고 있는가

챗 GPT

CHAT
GPT
WAR

이상덕 지음

전쟁

INFLUENTIAL
인 플 루 엔 설

프롤로그

초거대 인공지능Hyperscale AI GPT-4를 기반으로 한 챗GPT가 등장하면서 세상이 빠른 속도로 변하고 있다. 챗GPT는 초거대 인공지능 GPT를 이용해 대화하는 생성형 인공지능Generative AI 이다. 여기에서 GPT란 Generative Pre-trained Transformer로 데이터를 미리 학습해 문장으로 생성하는 프로그램을 의미한다. 챗GPT는 시와 소설에서부터 블로그, 편지, 일정, 보고서까지 궁금한 것을 입력하면 자유자재로 문장을 생성하고 답변해 우리를 놀라게 만들었다. 산업의 판을 바꿀 '게임체인저'로 불리는 이유다.

챗GPT는 2022년 11월 등장해 2개월 만에 사용자 수 1억 명을 돌파했다. 그 어떠한 모바일이나 PC 서비스보다 빠른 질주다. 이처럼 빠른 속도로 우리의 삶에 스며드는 생성형 인공지능은 어느새 없어서는 안 될 범용 기술로 산업 곳곳에 침투하게 될 것이다.

챗GPT 개발사 오픈AIOpen AI의 CEO 샘 올트먼Sam Altman은 생성형 인공지능을 전기의 발명에 비유했다. 1800년대 전기가 상용화되면서 수많은 산업이 태동하고 재정립되었듯이, 2023년 생성형 인공지능이 또 한 번 산업의 소용돌이를 일으킬 것이라는 메시지다.

이러한 산업의 변화는 곧 일자리의 변화로 이어질 것이다. MIT 경제학부에서 실시한 연구에 따르면, 챗GPT를 업무에 사용할 경우 처리 시간이 약 38퍼센트 단축되는 것으로 나타났다. 미국 경제 매체인 《비즈니스 인사이더》는 향후 프로그래머, 미디어 담당자, 변호사, 애널리스트, 교사, 재무 분석가, 트레이더, 그래픽 디자이너, 회계사, 고객 서비스 담당자 등 상당수 직종이 영향을 받을 것으로 분석했다.

SF 소설가인 윌리엄 깁슨William Gibson은 이런 말을 남겼다. "미래는 이미 여기에 와 있다. 단지 고르게 분포돼 있지 않을 뿐……." 미래는 이미 현실에 존재하지만, 이를 적극적으로 받아들이는 사람과 그렇지 않은 사람에게 다다르는 시간이 다르다는 의미이다.

새로운 기술에 적응하지 못한 사람은 결국 도태될 것이다. 하지만 우리는 이 새로운 기술을 두려워할 필요가 없다. 인간은

300만 년 전에 처음으로 도구를 사용한 이래 지금까지 사회적으로 가치 있는 사물을 창조하는 '호모 파베르Homo Faber'로 살고 있다. 우리의 DNA는 언제나 새 기술을 수용할 준비가 되어 있는 것이다.

《챗GPT 전쟁》은 지금 이 순간 세상을 뜨겁게 만들고 있는 생성형 인공지능을 깊이 이해하고 싶고, 혁신의 수도인 실리콘밸리에서 벌어지는 인공지능 전쟁을 궁금해하는 분들을 대상으로 썼다. 이 책은 크게 3부의 구성으로 생성형 인공지능이 왜(Why) 태동했으며, 무엇을(What) 바꾸고 있는지, 그리고 어떻게(How) 대비해야 하는지에 대해 이야기할 것이다.

1부에서는 챗GPT가 등장하기까지 180년에 걸친 인공지능의 역사와 GPT를 구동시키는 원리인 트랜스포머Transformer 모델, 개발사인 오픈AI의 창업 과정을 담았다. 이를 통해 챗GPT가 부상할 수 있었던 이유를 조망한다.

2부에서는 생성형 인공지능을 도입 중인 산업계와 실제 이용 사례, 빅테크 기업들의 개발 사례를 분석한다. 특히 실리콘밸리를 중심으로 챗봇, 금융, 제약, 스포츠, 자율주행, 제조, 교육, 출판, 미디어, 법률, 회계, 부동산, 여행, 마케팅, 게임·메타버스, 디자인, 패션, 영상, NFT, 음악 등 20개 산업을 파헤쳤다. 그 어떠한 책보다 많은 케이스 스터디를 통해 무엇이 바뀔 것인지 예측할 수 있도록 했다.

3부에서는 인공지능 도입에 따른 직업의 미래와 이를 둘러싼 법적·윤리적 논란, 그리고 궁극의 인공지능에 대한 전망을 분석했다. 3부를 통해 우리가 어떻게 미래에 대비해야 하는지 생각해볼 수 있을 것이다.

하루가 다르게 바뀌는 기술의 최전선에서 실리콘밸리의 많은 사람이 미래의 주인공을 꿈꾼다. "진정한 발견의 여정은 새로운 풍경을 찾는 것이 아니라, 새로운 눈을 갖는 것"이라는 마르셀 프루스트Marcel Proust의 말처럼, 어떤 미래를 맞이할 것인가에서 나아가 한층 더 넓은 시야를 갖고 싶은 분들에게 이 책이 도움이 되기를 바라본다.

실리콘밸리에서

이상덕

Part 1 인사이드 챗GPT
생성형 인공지능의 시대, 왜 지금인가

Part 3 챗GPT 레볼루션
미래는 이미 시작되었다

CHAT GPT WAR

Part 1

인사이드 챗GPT

생성형 인공지능의 시대,
왜 지금인가

웹3.0의 시대가 시작된다

"웹은 사회적인 창조물이다.
웹의 힘은 모든 사람이 접근할 수 있는 보편성에 있다."

웹의 아버지 팀 버너스리

실리콘밸리의 미디어와 인플루언서 들은 챗GPT의 등장에 마침내 웹3.0이 도래했다고 외쳤다. 블록체인 전문 매체인《코인데스크》는 챗GPT의 등장이 웹2.0 기반 비즈니스에 엄청난 도전을 예고하고 있다면서 "인공지능 시스템이 조작될 경우 인간에 더 큰 피해를 끼칠 수 있다는 두려움도 있지만, 더 이상 실리콘밸리의 거대 기업에 의해 통제되지 않을 수도 있다는 아이디어는 매력적이다"라고 이야기했다.

웹1.0의 시대인 월드와이드웹World Wide Web을 창시한 팀 버너스리Sir Timothy John Berners-Lee 역시 마찬가지였다. 버너스리는 앞으로 챗GPT와 같은 인공지능을 구글Google, 페이스북Facebook과 같은 플랫폼이 아닌 개인이 소유하는 시대가 펼쳐질 것으로 전망했다.[1]

모두 페이스북을 하지만, 페이스북을 소유한 것은 내가 아닌 마크 저커버그입니다. 그가 만든 알고리즘은 우리가 어떤 물건을 살피고 어떤 뉴스를 보는지를 통제합니다. 하지만 앞으로는 피트니스 정보에서 쇼핑 패턴까지 모든 데이터를 나만을 위한 스토리지인 팟Pod에 저장하고, 나만의 인공지능을 활용해 나만을 위한 삶을 누릴 수 있을 것입니다.

2022년 11월 말 출시된 오픈AI의 챗GPT는 웹의 역사를 다시 쓰고 있다. 챗GPT는 1750억 개에 달하는 파라미터를 보유한 인공지능으로 원본과 유사하지만 독창적인 글을 작성하는 생성형 인공지능이다. 원하는 스타일대로 시와 소설을 쓸 수 있고, 긴 글을 명료하게 요약하며 간단한 코드까지 즉석에서 생성한다.

출시 2개월 만에 사용자 1억 명 확보

2023년 2월, 챗GPT를 한 달에 한 번이라도 이용한 월간 활성 사용자MAU, Monthly Active User는 1억 명을 넘어섰다.[2] 출시 2개

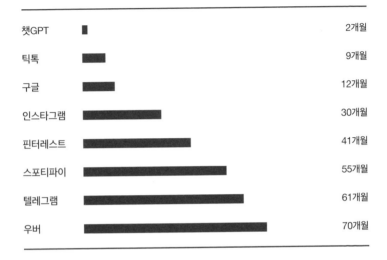

월간 활성 사용자 1억 명에 도달한 기간

챗GPT	2개월
틱톡	9개월
구글	12개월
인스타그램	30개월
핀터레스트	41개월
스포티파이	55개월
텔레그램	61개월
우버	70개월

월 만에 일군 성과로 지금껏 등장한 어떠한 인터넷 서비스보다 성장세가 가파르다. 전 세계 10위권 인터넷·소셜미디어 서비스가 MAU 1억 명에 도달한 기간을 살펴보면, 챗GPT가 압도적으로 빠른 것을 알 수 있다. 틱톡TikTok이 MAU 1억 명을 돌파하는 데 걸린 기간은 9개월이었는데, 챗GPT는 이보다 무려 네 배 이상 빨랐다.[3] 전 세계 1위 검색 서비스인 구글이 1억 명을 확보하는 데까지 소요된 기간은 1년이었다.

챗GPT의 서비스를 이용한 전 세계 수억 명의 사람이 감탄을 금치 못하는 순간, 이른바 '와우 모먼트WOW Moment'를 동시에

느끼는 이유는 그 기능이 매우 막강하기 때문이다. 더군다나 무료다. 월 20달러짜리 유료 서비스인 '챗GPT 플러스'를 출시했지만 인터넷 트래픽이 몰렸을 때 우선 접속권을 주거나 새로운 서비스를 미리 이용하는 것 외에 특별한 장점은 없다. 그만큼 챗GPT는 개방적인 서비스다.

현재 챗GPT로 할 수 있는 작업은 무수히 많지만, 이 가운데 주된 기능 열 가지를 추려보면 다음과 같다.

1. 채팅 다양한 주제로 자연스러운 대화가 가능하다. 질문을 프롬프트에 넣으면 챗GPT가 질문에 따라 답변한다.

2. 콘텐츠 창작 원하는 스타일의 문장을 입력하면 해당 콘텐츠가 생성된다. 링컨이나 처칠 스타일로 스타트업 행사의 연설문을 쓸 수 있고, 로버트 프로스트 스타일로 시 창작을 할 수도 있다.

3. 번역 번역이 필요한 문장을 넣고 특정 언어 번역을 입력하면 해당 언어로 번역된다. 현재 한국어, 영어, 스페인어, 프랑스어, 중국어, 아랍어, 러시아어, 독일어, 이탈리아어, 포르투갈어, 힌디어, 벵골어, 일본어 등이 지원되며 100개 이상의 언어 쌍을 변환할 수 있다.

4. 고객 서비스 챗GPT를 기반으로 24시간 고객 문의에 답변할 수 있는 챗봇 개발이 가능하다. 일부 스타트업에서는 챗GPT가 제공하

는 API를 활용해 자사의 고객 문의 봇으로 활용 중이다.

5. 개인 비서 알림 기능을 활용해 비서처럼 사용할 수 있다. 목록 작성과 일정 메모 등 개인에 맞춘 다양한 서비스로 활용이 가능하다. 일정과 일정 사이 시간이 촉박할 때 해결 방법을 물어볼 수도 있다.

6. 텍스트 게임 심심할 경우 문답 퀴즈인 트리비아와 같은 퀴즈 게임을 할 수 있다. 트리비아 게임을 하고 싶다고 입력하면, 챗GPT가 문제를 내고 답변이 틀릴 경우 이에 대해 즉석에서 수정을 해준다.

7. 교육 숙제를 도와주거나 복잡한 개념을 설명한다. 또 리포트 같은 교육 콘텐츠를 생성할 수 있다. 주제를 입력하고 궁금한 사항을 나열하면 원하는 답변을 얻을 수 있다. 난해한 개념을 비유해 설명하거나 어린이도 이해하기 쉽게 설명해달라고 요청할 수 있다.

8. 리서치 학술논문 요약, 데이터 분석, 새로운 연구에 대한 아이디어 도출 등에 사용할 수 있다. 특히 학계에서는 논문의 목적과 결론을 압축해 제시하는 초록 작성에 많이 사용한다. 자신이 저술한 논문의 주된 내용을 열거하면 된다.

9. 헬스케어 일부에서는 건강 문제에 대한 조언을 구하는 데 사용하고 있다. 우려하는 내용을 작성해 입력할 경우 원하는 답변을 받을 수 있다. 목감기에 좋은 음식을 추천받거나 금연 프로그램을 제공해줄 수도 있다. 다만 해당 내용은 반드시 의료 전문가와의 상담이 필요

하다.

10. 프로그램 작성 코드 작성을 요구할 경우 간단한 프로그램을 작성한다. 자바, 파이썬, 자바스크립트, HTML 등이 가능하며 머신러닝 알고리즘과 데이터 분석 기능까지 지원한다. 다만 해당 코드를 정확히 추출하려면 사용자가 무엇을 원하는지, 그리고 어떻게 구현해야 하는지를 정확히 입력해야 한다.

이러한 주요 기능을 세부적으로 쪼개면 약 120가지에 달하는 서비스로 활용할 수 있다.

누군가 글을 쓰면 글쓴이의 감정 상태와 기분을 판별해줄 수 있고, 일반 문자를 시각장애인용 점자로 변환하는 것은 매우 이색적인 기능이다. 또 뉴스 URL을 입력하면 요약해서 전달받을 수도 있다. 이뿐인가. 영화·음악·패션·뷰티·피트니스에 대한 서비스들을 추천받을 수 있으며, 요리 레시피까지 안내가 가능하다.

가장 눈에 띄는 것은 비서 기능이다. 한 세션Session에 계속된 정보를 입력하면 개인별 맞춤 정보를 제공받을 수 있다. 신차 구매에 앞서 가정의 특성에 맞춰 차종을 추천받을 수도 있다. 또 아직 미국에 국한돼 있기는 하지만 SAT 점수와 같은 입시 정보를 입력하면 대입 상담이 가능하며, 이력서를 입력할 경우 일정 부분 진로 상담까지 받을 수 있다.

웹을 장악한 기업이 세상을 지배한다

챗GPT가 전 세계적으로 주목을 받는 이유는 이처럼 다양한 기능을 무료로 사용할 수 있기 때문이다. 특히 웹을 기반으로 하고 있어 미래의 웹인 웹3.0의 태동으로 봐야 한다는 주장도 제기된다. 웹은 디지털 시대의 근간이자 골격으로 그 형태에 따라 수많은 서비스와 기업이 태어나고 사라진다. 웹을 지배하는 기업이 곧 산업의 판을 바꾸는 게임체인저이자 지배자가 되는 것이다.

인터넷의 역사는 미국 방위고등연구계획국DARPA, Defense Advanced Research Projects Agency이 1969년 개발한 아르파넷ARPANET, Advanced Research Projects Agency Network으로 거슬러 올라간다. 당시는 냉전 시기로 미국은 소련의 미사일 공격에 서버가 파괴될 것을 우려해 데이터를 분산 저장하는 시스템이 필요했다.

당시 아르파넷에 있는 정보를 찾으려면 옛 도서관에서 책을 찾는 과정과 비슷했다. 열람 카드에 해당하는 폴더를 일일이 들춰가며 필요한 책을 찾는 것처럼 해당 정보가 있는 홈페이지를 찾아야 했다. 오늘날처럼 문장에 있는 단어나 그림을 클릭하면 새로운 인터넷으로 연결되는 구조가 마련된 시점은 1990년이었다.

영국의 사회학자이자 철학자인 테드 넬슨Theodor Nelson이 웹 페이지끼리 자유로운 연결이 가능한 하이퍼텍스트를 고안하고, 이러한 아이디어를 받아들인 유럽입자물리연구소CERN의 팀 버너스리 연구원이 이를 구현해 월드와이드웹을 만들었다. 팀 버너스리가 발명한 인터넷 개발 언어인 HTML, 인터넷 프로토콜인 HTTP, 인터넷 주소인 URL은 여전히 웹의 근간이 되고 있다.

당시 팀 버너스리는 "링크로 연결된 문서 조각들의 거미줄이 고정된 계층구조보다 한층 더 유용하다"라고 강조했다.[4] 상호 연결된 망인 인터넷을 거미줄과 같다고 해서 웹이라고 부르게 되었다. 가정용 컴퓨터로 들어온 웹은 수많은 서비스를 잉태했다. 웹에 있는 정보들을 한 번에 보여주는 브라우저와 이를 기반으로 한 서비스들이 쏟아졌다. 1993년에 모자이크 Mosaic, 1994년에 야후!Yahoo!, 아마존Amazon, 1995년에 알타비스타AltaVista, 이베이eBay가 잇따라 태어났다.

빅테크 기업들 역시 향후 찾아올 디지털이라는 미래를 직감했다. 마이크로소프트가 인터넷 익스플로러를 앞세워 검색 시장에 뛰어들었으며, 오늘날 검색 시장을 장악한 구글은 1998년에 막 태어난 인터넷 업계의 막내였다. 당시 한국은 PC통신의 전성기였다. 하이텔이 1991년, 나우누리가 1994년에 각각 서비스를 선보인 것 역시 웹의 태동과 직접적으로 연결돼 있다.

초기의 웹은 텍스트와 이미지만 제공했을 뿐이며, 참여 또한 매우 제한된 정적인 공간이었다. 아날로그 데이터를 PC 홈페이지로 옮긴 웹페이지가 대다수였다. 종이 신문을 신문사 홈페이지에서 보여주고 여행 카탈로그를 여행사 웹사이트에서 보여주는 게재 방식이었다. 오늘날 보기엔 매우 빈약하기 그지없다. 하지만 웹은 전 세계의 정보 장벽을 무너뜨렸다는 점에서 진정한 혁명이었다.

웹을 장악한 기업이 곧 세계를 지배할 것이라는 믿음은 점차 굳어져갔다. 그래서 웹은 전쟁터일 수밖에 없었다. 마크 앤드리슨Marc Andressen과 짐 클라크Jim Clark 등이 창업한 모자이크는 이름을 넷스케이프Netscape로 고치고 전자상거래 서비스로 영역을 넓혔으며, 뒤늦게 뛰어든 마이크로소프트는 인터넷 익스플로러를 윈도우에 끼워 팔면서 반독점 소송에 직면했다.[5] 그리고 수많은 투자자가 인터넷에 몰리던 어느 날, 마침내 그 거품은 터지고야 말았다. 나스닥지수는 2000년 3월부터 2002년 10월까지 고점 대비 무려 78퍼센트나 폭락했다.

닷컴 버블이 잊힐 무렵 또 한 번의 물결이 찾아왔다. 2007년 애플Apple은 1세대 아이폰을 발표한다. 스티브 잡스Steve Jobs는 발표회에서 인터넷을 그 중심에 내세웠다. "큰 화면의 아이팟, 혁신적인 휴대폰, 그리고 획기적인 인터넷 통신기기는 각각의 세 제품이 아니라 단 하나의 제품입니다. 우리는 이것을 아이폰이라고 부릅니다."

세계는 또 한 번 열광했다. 아이폰은 2007년 출시와 동시에 139만 대가 팔렸고 이듬해는 여덟 배나 많은 1163만 대가 팔려나갔다. 5년 뒤인 2012년에는 드디어 1억 대를 넘어선 1억 2500만 대 판매를 기록했다.[6]

스마트폰을 기반으로 무수히 많은 서비스가 쏟아졌다. 숙박 공유 서비스 에어비앤비Airbnb(2008년), 차량 호출 서비스 우버Uber(2009년), 간편 결제 서비스 스트라이프Stripe(2010년), 식료품 배송 서비스 인스타카트Instacart(2012년), 배달 서비스 도어대시DoorDash(2013년), 주식거래 플랫폼 로빈후드Robinhood(2013

년) 등 열거할 수 없을 정도로 많은 스타트업이 탄생했다. 기업 가치 100억 달러 이상 스타트업인 데카콘decacorn들이 스마트폰 위에서 태어나 성장한 것이다.

빅테크 기업 역시 스마트폰을 중심으로 운명이 달라졌다. 스마트폰을 기반으로 더 크게 성장하거나 적응에 실패해 몰락의 길을 걸었다. 구글은 앞서 인수한 안드로이드를 토대로 스마트폰 운영체제인 안드로이드를 2007년 무료로 공개해 오늘날 디지털 검색과 광고 시장을 석권했다. 부동의 휴대전화 업계 1위를 차지했던 노키아Nokia는 휴대전화 사업부를 2013년 마이크로소프트에 54억 4000만 유로에 매각하고 시장에서 철수해 충격을 안겼다.[7]

오픈소스와 웹2.0이라는 용어를 대중화한 팀 오라일리Tim O'Reilly는 웹2.0의 핵심을 다음과 같이 정의했다. "웹 콘텐츠의 소비자가 직접 콘텐츠를 생성하며 서로 네트워킹하고 이를 기반으로 새로운 문화를 형성한다."

스마트폰보다 다소 일찍 태어난 페이스북Facebook(2004년)과 유튜브YouTube(2005년)가 무섭게 성장할 수 있었던 이유도 웹2.0의 흐름을 제대로 간파했기 때문이다. 1997년 설립된 넷플릭스Netfilx는 당시 비디오 대여 시장의 절대 강자인 블록버스터Blockbuster와 힘겨운 싸움을 벌였지만, 2007년 서비스 방향을 DVD 구독 서비스에서 스트리밍 서비스로 변경하면서 오늘날 OTT 업계의 거인으로 성장할 수 있었다.

챗GPT는 웹3.0 시대를 앞당길 것인가

테크 업계는 그동안 웹2.0 다음은 무엇이 찾아올지를 놓고 갑론을박해왔다. 챗GPT가 등장하기 1년 전인 2021년 12월 오픈AI의 공동창업자인 샘 올트먼과 일론 머스크Elon Musk 테슬라 Tesla CEO가 벌인 격론은 특히 모두의 시선을 이끌었다.

올트먼은 "만약 지금 웹3.0에 투자한다면 2010년대 벤처 투자와 비슷한 투자수익률을 얻겠지만, 대다수 벤처캐피털은 그 투자 기회를 잡지 못할 것"이라고 선언했다. 하지만 머스크는 트위터를 통해 "웹3.0은 개소리"라고 일축했다.[8]

당시 웹3.0의 초점은 블록체인에 맞춰져 있었다. 웹2.0 시대에 수많은 제작자가 플랫폼에 콘텐츠를 올려도 수익의 대다수는 구글, 페이스북과 같은 플랫폼 기업이 가져갔다. 때문에 분산장부기술Distributed Ledger Technology을 활용해 수익을 콘텐츠 제작자에게 돌려주자는 논리하에 가상화폐, 탈중앙화자율조직DAO, 비트코인, 대체불가능토큰NFT, 탈중앙화금융De-Fi, 탈중앙화앱dApp 등을 주목했다.

사람들은 이를 토대로 웹3.0 서비스를 만들어갔다. 트위터Twitter의 창업자인 잭 도시Jack Dorsey가 모바일 결제 서비스인 스퀘어Square를 창업하고 사명을 블록Block으로 바꾼 것은 유명한 일화다. 블록체인 기술과 가상화폐가 인기를 끈 것은 사실이지만 웹을 점령하기에는 아직 무엇인가 부족했다. 바로 버너스리가 말한 웹의 특징인 범용성이다. 특히 세계 4위권의 암호화폐 거래소인 FTX의 파산은 치명타였다.

버너스리는 미래의 웹은 시맨틱 웹Semantic Web이 될 것이라고 2001년 전망한 바 있다. 시맨틱은 '의미론적인'이라는 뜻이다. 무수히 많은 정보의 홍수 속에서 불필요한 정보를 걸어내고 사용자에게 꼭 맞는 정보를 제시해야 한다는 것이었다.

모두가 손쉽게 이용하는 범용성을 갖추면서도 나에게 꼭 맞는 정보를 골라 볼 수 있다는 점에서 개인화된 특징을 모두 갖고 있는 웹은 기술적으로는 구현하기 어려워 보였다. 하지만 챗GPT가 등장하면서 많은 이가 웹의 변화를 목격하고 있다. 마이크로소프트가 챗GPT를 업데이트해 자사의 검색엔진인 빙Bing에 탑재했으며, 구글 역시 새로운 인공지능 검색엔진의 도입을 서두르고 있다. 생성형 인공지능의 등장으로 모든 이의 예상을 깨고 웹3.0의 서막이 서서히 올라가고 있는 것이다.

계산기부터 챗GPT까지, 인공지능의 역사

"스스로 학습할 수 있는 인공신경망은 훗날 인간의 두뇌처럼 사고하고,
다른 행성에 보내져 우주탐사 활동에도 쓰일 것이다."

프랭크 로젠블랫

우리의 일상은 인공지능을 빼놓고는 상상하기 어렵다. 구글, 네이버에서 정보를 검색할 때나 아마존, 쿠팡에서 물건을 구입할 때, 아니면 넷플릭스, 디즈니플러스, 유튜브와 같은 스트리밍 서비스를 이용할 때에도 인공지능은 작동된다. 웹 너머에서 검색 키워드를 파악해 정확한 웹페이지를 안내하고, 나에게 꼭 맞는 물건을 추천한다. 챗GPT 역시 웹에 연결되어 있다. 웹이 곧 인공지능이고 인공지능이 곧 웹인 시대가 된 것이다.

우리에게 '인공지능'은 구글 계열사인 딥마인드DeepMind의 알파고AlphaGo가 이세돌 9단을 꺾은 장면이나 스마트폰 음성 비서인 시리Siri나 빅스비Bixby를 먼저 떠올리게 한다. 그래서 자칫 그 역사가 짧다고 생각하기 쉽지만, 인공지능의 역사는 곧 컴퓨터의 역사라고 해도 과언이 아니다. 현재 전 세계의 주목을 받고 있는 챗GPT도 인공지능이라는 거대한 물결 속에서는 작은 파도일 뿐이다.

인공지능은 한 사람의 힘으로 어느 날 갑자기 발명된 것이 아니다. 챗GPT를 중심으로 생성형 인공지능이 뒤바꿀 세상을 미리 예측해보고, 인터넷의 미래를 예상해보기 위해서는 이 거대한 물결을 먼저 이해할 필요가 있다. 2장에서는 인공지능이 그동안 어떻게 발전해왔는지를 살펴보면서 챗GPT를 구동시키는 핵심 원리인 트랜스포머 모델의 진화와 챗GPT의 작동 원리를 살펴볼 것이다.

인공지능이라는 원대한 꿈

인류의 역사는 도구의 역사이자 자동화의 역사라고 해도 과언이 아니다. 인류가 인공지능을 생각하게 된 것은 자동화에 대한 꿈 때문이었다. 자동화의 초석이라고 할 수 있는 원시적 계산기 주판은 기원전 2700~2300년경 메소포타미아 수메르에서 처음 사용된 이래 컴퓨터의 등장 이전까지 수천 년간 계산기의 역할을 수행했다.

자동 계산기가 본격적으로 등장한 것은 1642년이다. 프랑스의 수학자이자 철학자인 블레즈 파스칼Blaise Pascal이 세금 징수원인 아버지를 위해 톱니바퀴를 이용해 덧셈과 뺄셈을 할 수 있는 최초의 기계식 계산기를 개발했다.[1] 이후 독일의 수학자인 고트프리트 라이프니츠Gottfried Wilhelm von Leibniz가 1674년 열두 자리 숫자를 사칙 연산할 수 있는 계단식 계산기Stepped Reckoner를 개발하는 데 성공했다.[2]

앞선 자동 계산기들의 영향으로 1822년 영국의 수학자 찰스 배비지Charles Babbage는 사칙 연산은 물론 미분과 적분까지 가능한 차분기관Difference Engine을 만들었다. 그러나 무게 15톤, 높이 2.4미터에 2만 5000개에 달하는 부품으로 만들어져 양산에 실패한 시제품에 그치고 말았다.[3]

영국의 작가이자 수학자인 에이다 러브레이스Ada Lovelace는 양산되지도 않은 배비지의 차분기관을 위해 유리수 수열인 베르누이 수를 구하는 알고리즘을 작성한 최초의 프로그래머로 꼽힌다. 미 국방성의 프로그래밍 표준 언어인 ADA는 그의 이름을 딴 것이다. 러브레이스는 1844년 동료에게 보낸 편지에 "인간의 뇌가 생각하고 감정을 느끼게 하는 신경계 알고리즘을 수학적으로 규명하고 싶다"라고 적었다.[4] 인류가 인공지능이라는 아이디어를 떠올린 순간이었다.

20세기에 접어들자 수학자들은 모든 논리를 수학으로 증명할 수 있으리라 믿었다. 영국의 철학자이자 수학자인 버트런드 러셀Bertrand Russell과 앨프리드 화이트헤드Alfred Whitehead는 《수학 원리Principia Mathematica》를 통해 언어 중심의 논리학에 종지부를 찍었다.[5] 이들은 모든 명제는 수학적 형식으로 증명할 수 있다고 믿었다. 이 책은 훗날 등장할 수많은 학자에게 큰 영향을 주었으며, 이를 반박하고 재반박하는 과정을 통해 컴퓨터과학은 크게 발전한다.

수학이 논리학을 대신할 것이라는 생각에 도전한 이는 독일의 수학자 쿠르트 괴델Kurt Gödel이었다. 그는 1931년 《수학 원리》와 관련 체계들의 형식적으로 불가능한 명제들에 관하여〉라는 논문을 발표하면서 학계의 시선을 사로잡았다. 러셀과 화이트헤드는 수학적으로 풀 수 없는 논리란 존재하지 않는다고 선언했지만, 괴델은 아무리 완벽한 논리 체계를 만들더라도 참인지 거짓인지 판단할 수 없는 명제는 반드시 존재한다는 사실을 수학적으로 입증했다.

튜링의 이미테이션 게임

인공지능이라는 아이디어가 폭발적으로 쏟아지게 된 계기는 제2차 세계대전이었다. 전쟁은 항상 기술의 발전을 불러오는데 당시 인공지능의 중심에는 앨런 튜링Alan Turing이 있었다.[6] 케임브리지대학교 교수로 재직하던 튜링은 제2차 세계대전 당시 나치 독일군의 암호를 풀어 연합군이 승리하는 데 기여했다.

그가 인공지능 역사에 획을 긋게 된 것은 1950년 〈계산 기계와 지능Computing Machinery and Intelligence〉이라는 논문을 발표했기 때문이었다. 논문에서는 "기계지능"이라는 표현을 사용했지만, 사실상의 인공지능이었다. 튜링은 미래에 인공지능이 체스, 언어학, 암호학 등에 두루 사용되리라 믿었다. 그는 논문이나 암호 해독보다 '튜링 테스트'로 사회적 유명세를 탔는데, 이 튜링 테스트를 "이미테이션 게임"이라고도 부른다.

당시에는 인간의 지능에 대한 정의조차 명쾌하지 않았지만, 튜링은 인공지능 개발을 위한 지능 실험을 고안한다. 마음과 지능, 인간에 대한 정의는 제쳐두고, 인간에 준하는 지능을 가졌는가를 판별할 테스트를 고안하여 이 테스트를 통과할 수 있는 기계인 인공지능을 만들 것을 제안한 것이다. 사변적인 논

영국의 암호해독기와 이를 개발한 앨런 튜링

의보다는 건설적 대안이 더 중요하다는 목소리였다.

튜링 테스트에는 질문하는 사람과 답변하는 사람, 그리고 인공지능이 필요하다. 테스트 참여자와 인공지능은 채팅을 통해 질문과 답변을 주고받는다. 참여자들은 서로 볼 수 없다. 만약 질문자가 컴퓨터 화면에 뜨는 문장을 보고 인공지능과 사람이 내놓은 답변을 분간하지 못한다면, 테스트에 참여한 인공지능은 튜링 테스트를 통과한 것으로 간주하는 것이다.

튜링의 발상은 컴퓨터에 대한 인식을 송두리째 흔들었다. 이미 진공관 컴퓨터가 등장한 상태였지만 대다수의 학자는 배비지처럼 기계는 명령만을 수행하는 연산기라고 믿고 있었다. 하지만 튜링은 기계 역시 학습이 가능하다는 상상을 했다. 당시 컴퓨터 수준은 조악했고 튜링 역시 이 점을 잘 간파했다. 때문에 그는 예 또는 아니요만 답변하는 이진법 인공지능을 생각했다. 문답법처럼 질문과 답변을 반복하다 보면 점진적으로 인간과 유사해질 수 있다고 믿었던 것이다.

이러한 혁명적인 발상은 거센 도전을 받았다. UC버클리의 철학자 존 설John Searle은 튜링 테스트로는 기계 지능의 존재 여부를 판별할 수 없다고 주장했다. 그 이유로 '중국인 방Chinese Room'이라는 사고 실험을 진행했다.[7] 질문자와 답변자가 칸막이로 나뉜 방에 각각 앉아서 조그마한 틈에 중국어로 작성된 메모지를 밀어 넣으면, 답변자가 중국어를 할 수 있는지 알아내는 실험이었다.

존 설은 답변자가 중국어를 전혀 못하더라도 사전을 가지고 있다면 질문자를 속일 수 있다고 주장했다. 중국어로 적힌 메모를 답변자에게 내민다면 이 답변자는 중국어를 할 수 있는 것이냐고 반문했다. 튜링과 설이 지능이란 무엇이냐를 놓고 벌인 사고 실험은 오늘날까지 계속되고 있다.

현대 컴퓨터를 창시한 폰노이만

튜링이 인공지능의 개념과 사용법을 제시했다면, 원자폭탄을 만드는 맨해튼 프로젝트에 참여한 수학자 존 폰노이만John von Neumann은 오늘날의 현대적 컴퓨터 구조를 설계했다. 폰노이만은 알베르트 아인슈타인Albert Einstein이 몸담았던 프린스턴 고등연구소의 수학 교수이자 경제학·양자역학·컴퓨터과학·통계학 등 다양한 학문에 업적을 남긴 인물이다.

미국은 제2차 세계대전 당시 미사일 탄도 궤적을 계산하고자 최초의 전자식 컴퓨터 에니악ENIAC을 개발해 사용했다. 에니악은 1만 8800개에 달하는 진공관, 6,000개의 스위치, 7만 개의 저항 장치를 장착했으며, 무게는 30톤에 육박했다. 진공관을 켰다 껐다 하는 방식으로 이진법을 구현했는데 이를 위해서는 150킬로와트에 달하는 전기가 필요했다.

문제는 프로그램 운영방식이었다. 한 가지 계산을 하고 용도를 바꾸려면 배선을 모두 뽑아 다시 연결하는 방식으로 코딩을 했고, 다른 프로그램을 실행하려면 배선판을 통째로 교체해야 했다. 소프트웨어와 하드웨어라는 개념이 존재하지 않았다.

폰노이만과 세계 첫 프로그램 내장 방식 컴퓨터 에드박

폰노이만은 최초의 프로그램 내장 방식 컴퓨터인 에드박 EDVAC 개발에 참여해 오늘날 컴퓨터와 같은 입력, 제어, 산술 및 논리, 기억, 출력 장치라는 방식을 고안한다.[8] 새로운 프로그램을 구동하기 위해 하드웨어를 통째로 바꾸는 번거로움이 사라진 것이다. 핵심은 중앙처리장치CPU 옆에 기억장치를 붙인 것인데, 필요한 자료를 기억장치에 저장한 뒤 사람이 지시하는 명령에 따라 해당 작업을 차례로 불러내는 방식이었다.

폰노이만 구조는 현대적 컴퓨터 구조라는 점에서 큰 의의가 있지만 중요한 과제를 남겼다. 폰노이만이 이러한 방식을 고안할 때 참고한 것은 인간의 사고 능력이었다. 사람은 평상시 모든 기억을 항상 떠올리고 살진 않지만 특정 기억이 필요한 경우 머리를 짜내 기억을 되살린다. 메모리에 보관된 데이터를 필요시 CPU에 불러내 사용한다는 아이디어는 사람을 모사한 장치였다.

하지만 폰노이만 구조는 기계적으로 하나씩 순차적으로 불러내야 한다는 점에서 막대한 데이터를 처리해야 하는 인공지능 연산에서는 적합하지 않았다. 연산할 숫자의 자릿수가 증가할 때마다 계산에 필요한 시간은 기하급수로 증가한다. 10의 13자릿수를 계산할 때 10초가 걸린다면 10의 20자릿수는 그 1000만 배인 1억 초(약 3년)가 소요된다.

생각이 틀을 규정하기도 하지만, 틀이 생각을 규정하기도 한다. 컴퓨터과학계에서 상징과 기호 효율을 중시하는 기호주의 학자들이 인간의 두뇌를 닮은 연결주의 인공지능이 실패할 수밖에 없다고 믿었던 이유도 폰노이만 구조 때문이었다.[9]

제2차 세계대전이 종식되면서 컴퓨터과학계에도 낭만적 사조가 불었다. 그동안 탄도 궤적 계산을 위해 효율성에만 초점을 맞춘 연구자의 관심이 자연과학으로 옮겨갔다. 그렇게 태어난 것이 인공두뇌학인 사이버네틱스Cybernetics다. 사이버네틱스는 그리스어로 키잡이란 뜻인데, 미국의 수학자 노버트 위너Norbert Wiener는 1948년《사이버네틱스: 또는 동물과 기계에서 제어와 통신Cybernetics: Or Control and Communication in the Animal and the Machine》이라는 책을 통해 동물이나 기계가 어떻게 주변 환경과 되먹임인 피드백을 주고받는지를 연구할 것을 제언했다.

이런 흐름의 중심에는 미국 인공지능 연구의 선구자인 올리버 셀프리지Oliver Selfridge가 있었다. 셀프리지는 1959년 〈판데모니엄Pandemonium〉이라는 논문을 발표했는데, 이 논문은 인공지능 학계의 고전으로 꼽힌다. 당시에는 뇌과학의 수준이 매우 낮았고 사람이 어떻게 사물을 인식하는지에 대한 명쾌한 정의도 없는 상태였다. 이런 환경에서 셀프리지는 두뇌에 수많은 데몬demon이 존재하고 이들이 사물의 이미지를 서로 얻고자 경합을 벌인다는 오늘날 패턴 인식 장치와 유사한 이색적인 아이

디어를 제시했다.[10]

또 다른 한편에서는 지나치게 낭만적인 사조에 반발했다. 철저하게 기호논리학을 토대로 기계의 지능만을 연구하려는 움직임이 일어났다. 다트머스대학교 수학과 교수인 존 매카시John McCarthy를 중심으로 한 다트머스학회Dartmouth Conference가 설립되었는데, 이 학회에는 MIT의 마빈 민스키Marvin Minsky, IBM의 너새니얼 로체스터Nathaniel Rochester, 벨연구소의 클로드 섀넌Claude Shannon과 같은 쟁쟁한 인물들이 합류했다.

다트머스학회는 인공지능이라는 표현을 처음 사용했고, 다음과 같이 선언한다.[11]

우리는 이 연구를 통해 기계가 언어를 사용하고, 추상성과 개념을 형성하며, 지금껏 인간만 풀 수 있던 문제를 풀고, 스스로 발전해가도록 만들 방법을 모색할 것입니다.

1950년대 인공지능 학계는 크게 마빈 민스키를 중심으로 한 기호주의Symbolism와 프랭크 로젠블랫Frank Rosenblatt을 대표로 한 연결주의Connectionism로 나뉘어 있었다. 기호주의 학파는 인간 지능을 일일이 프로그램처럼 만들 수 있고, 이를 토대로 효율적인 알고리즘을 구현하는 방식을 연구했다. 반면 연결주의 학파는 두뇌 네트워크를 재현하는 것을 목표로 삼았다. 인간의 두뇌를 모방하면 저절로 인간과 유사한 지능을 가진 컴퓨터를 만들 수 있으리라는 믿음이 있었다.

다트머스학회는 기호주의를 토대로 인공지능을 연구했지만, 시대가 지날수록 연결주의와 큰 영향을 주고받는다. 자연어 처리, 컴퓨터 비전과 같은 오늘날 생성형 인공지능이 탄생할 수 있었던 배경에는 다트머스학회가 있었다고 해도 과언이 아니다. 특히 앨런 뉴얼Allen Newell과 허버트 사이먼Herbert Simon은 러셀과 화이트헤드의《수학 원리》를 읽고, 이를 증명할 컴퓨터 프로그램을 1956년 개발했다. '논리이론가Logic Theorist'라는 프로그램은 원시적이지만 수학적 정리를 증명한 첫 인공지능이라는 타이틀을 얻었다.

1959년에는 아서 새뮤얼Arthur Samuel 스탠퍼드대학교 교수가 오목과 유사한 서양의 보드게임인 체커게임을 학습한 최초의 프로그램을 공개했고, 1961년에는 제임스 슬래글James Slagle이 지도교수 마빈 민스키와 함께 미적분 문제를 해결하는 학습 프로그램 SAINTSymbolic Automatic INTegrator를 개발하는 데 성공했다. 1966년 조셉 와이젠바움Joseph Weizenbaum은 인간과 대화를 나누는 인공지능 엘리자ELIZA를 선보였다. 패턴 매칭 알고리즘을 활용해 사용자가 키워드 또는 문장을 입력하면 마치 심리치료사와 상담을 받는 것처럼 구현했지만, 규칙 기반이다 보니 대화는 매우 제한적이었다.

이들 프로그램은 기호를 중심으로 논리학을 수학적 영역으로 끌어들였다는 데 의의가 있다. 인간의 사고방식과는 별개로 작동하는 매우 깔끔한 수학적 연산 구현이었다. 하지만 이런 기호주의 인공지능은 다양하게 사용할 수 없어 거센 도전을 받게 된다.

두뇌의 작동원리를 모방하다

오늘날의 인공지능과 유사한 인공신경망을 지닌 최초의 알고리즘은 연결주의의 중심인물인 프랭크 로젠블랫이 만든 퍼셉트론Perceptron이다.[12] 인공지능이 신경망neural network으로 도약을 준비하는 순간이었다. 로젠블랫은 뉴욕 주에 있는 코넬항공연구소에서 인지시스템 부문 책임자로 활동하면서 1957년 퍼셉트론이라는 인공신경망 시스템을 발표했다.

로젠블랫이 모방하고자 했던 것은 두뇌의 작동원리였다. 그는 생물학적 시스템이 실제로 어떻게 정보를 감지하는지, 정보는 어떤 형태로 저장이 되는지, 저장된 정보는 우리 인식에 어떤 영향을 주는지를 깊이 연구했다. 당시 신경망의 작동 방식은 여전히 미지의 세계였다.

학계에서는 오직 두 가지 가설만이 존재했다. 첫 번째는 신경망으로 들어오는 신호를 저장하는 별도의 기억장치가 존재한다는 학설, 두 번째는 신경망에 있는 연결 자체가 신호를 저장한다는 학설이었다. 퍼셉트론은 후자를 입증하기 위한 일종의 도전적 실험이었다.

이해를 돕기 위해 우리가 컵을 인식하는 방법을 떠올려보자. 이 세상에는 수많은 컵이 존재한다. 하지만 인간은 컵의 모양이 다르더라도 0.1초 내에 이것이 컵인지 아닌지를 식별할 수 있다. 망막에 상이 맺히면 그 정보는 우리 뇌에 있는 뉴런으로 이동한다. 신경세포인 뉴런이 모인 것이 대뇌피질이다.

뉴런은 정보의 강도에 따라 활성화되거나 비활성화된다. 뉴런이 활성화되려면 일정한 자극, 즉 임계치 이상의 자극을 받아야 한다. 활성화된 뉴런은 통로인 시냅스를 통해 결괏값을 다른 뉴런으로 전달하고, 궁극적으로는 최상위에 있는 추상화

**퍼셉트론과 로젠블랫. 《뉴욕타임스》는 인공지능에 대해
"미래에 걷고 말하고 보고 쓰고 재생산할 것으로 기대가 된다"라고 보도했다.**

**NEW NAVY DEVICE
LEARNS BY DOING**

Psychologist Shows Embryo
of Computer Designed to
Read and Grow Wiser

WASHINGTON, July 7 (UPI)
—The Navy revealed the em-
bryo of an electronic computer
today that it expects will be
able to walk, talk, see, write,
reproduce itself and be con-
scious of its existence.
The embryo—the Weather
Bureau's $2,000,000 "704" com-
puter—learned to differentiate
between right and left after
fifty attempts in the Navy's
demonstration for newsmen.
The service said it would use
this principle to build the first
of its Perceptron thinking ma-
chines that will be able to read
and write. It is expected to be
finished in about a year at a
cost of $100,000.
Dr. Frank Rosenblatt, de-
signer of the Perceptron, con-

뉴런에 전달한다. 이 뉴런이 종합적으로 판별해 순식간에 컵인
지 아닌지를 판단하는 것이다.

퍼셉트론은 인간의 뇌가 이러한 논리로 작동할 것이라는 가
설을 토대로 설계되었다. 단일 뉴런을 갖춘 인공신경망으로 시
각에 해당하는 인풋 노드(인풋 층)가 있고 여기에 들어온 정보
를 한 개의 뉴런에 해당하는 인풋 유닛에 전달한다. 인풋 유닛
은 패턴을 분류하고 그 결괏값을 아웃풋 유닛에 전달한다. 중

요한 것은 각 인풋 노드의 연결 강도다. 이는 뉴런의 받아들이는 신호 자극의 세기를 모방한 것이다. 연산적으로는 가중치를 곱한 값을 합산해 결정하는데, 임계치보다 큰 경우 1의 결과, 그렇지 않을 경우 0의 결과를 도출하는 계단함수다. 따라서 결과는 ○와 × 두 개로 나타난다.

기호주의를 따랐다면 가중치를 직접 입력했을 것인데, 연결주의를 표방한 퍼셉트론은 학습이라는 방법으로 이를 해결하려 한 시도였다. 로젠블랫이 위대한 것은 가중치를 스스로 수정하는 알고리즘을 만들었다는 데 있다. 이미지에는 화소인 픽셀이 있고 그 픽셀이 해당 사물에 해당되는지 여부를 인풋 유닛이 스스로 판단하는 것이다. 1990년대에 접어들어 인공지능이 장신구, 머리카락 같은 2차 성징을 모두 제거한 순수한 얼굴 이미지만 보고 남성인지 여성인지를 사람보다 더 잘 판별할 수 있게 된 것 역시 퍼셉트론의 공이 크다.

이러한 퍼셉트론의 가치를 눈여겨본 것은 미군이었다. 로젠블랫은 미 해군연구소의 지원을 받아 이미지를 보고 탱크인지 아닌지를 식별하는 연구를 진행했다. 이 같은 소식은 미국 미디어에 전해졌고, 당시 《뉴욕타임스》는 "스스로 배우는 새로운 기계"라는 제목의 기사를 게재했다. 기사에는 "훗날 퍼셉트론은 사람을 인식하고 그들의 이름을 부르며 연설이나 글을 즉각적으로 작성할 것"이라고 소개했다. 하지만 퍼셉트론은 예상과 달리 탱크를 분류하는 데 너무 많은 시간을 소모했다. 이미지 인식 기계가 아니라 시간 소모 기계라는 악평을 받았다.

로젠블랫은 곧 기호주의 학파로부터 거센 공격을 받았다. 다트머스학회의 마빈 민스키와 시모어 페퍼트Seymour Papert는 1969년 출간한 논문을 통해 퍼셉트론의 능력이 제한적일 수밖에 없다는 사실을 수학적으로 증명했다. 인간의 뇌에 있는 뉴런이 여러 층으로 구성돼 있듯, 퍼셉트론 역시 다층 구조로 제작했다면 해결될 문제였다. 하지만 당시에는 학습 가능한 데이터 수도 적었고, 그리고 이를 돌릴 컴퓨터 수준도 낮았다. 퍼셉트론은 곧 침몰했고, 이와 함께 인공신경망 역시 침몰했다. 다시 기호주의 학파의 입김이 거세지면서 '인공지능의 겨울'이 찾아왔다.

인공신경망을 부활시킨 힌턴

제프리 힌턴Geoffrey Hinton은 인간의 뇌와 닮지 않은 인공지능은 반드시 한계가 있을 수밖에 없다고 믿었다. 그가 보기에 물리학은 세상을 이해하는 데 있어 너무 단순했고, 반면에 생물학은 너무나도 복잡했다. 물리학은 힘을 설명하는 데 유용했지만, 뇌신경회로처럼 목적을 갖고 있는 생물을 설명할 순 없었다.

힌턴을 중심으로 한 신연결주의Neoconnectionism 학자들은 신경생물학에 영향을 받아 계산신경과학Computational neuroscience이라는 새로운 학문을 탄생시킨다.[13] 당시 하버드대학교 의과대학에서는 살아 있는 고양이의 망막으로 들어온 빛이 전달되는 과정을 기록하는 데 성공했다. 고양이의 특정 뉴런은 빛을 인식하면 중심이 온on 상태가 되고 또 주변 뉴런은 오프off 상태가 됐다. 신경생물학은 이후 뇌신경세포인 뉴런이 약 1000억 개 (혹은 860억 개)에 달하고, 뉴런끼리 신호를 주고받을 수 있는 통로인 시냅스는 약 100조 개에 달한다는 것을 밝혀냈다.[14]

뉴런은 신경전달물질을 시냅스를 통해 교환하며 이런 과정을 통해 흥분과 억제가 나타난다. 마치 스위치를 켜고 끄는 것과 비슷한 논리다. 무수히 많은 과정을 매우 빠른 속도로 반복해 먼 거리에 있는 뉴런에까지 정보를 전달한다. 제프리 힌턴과 그의 동료인 데이비드 루멜하트David Rumelhart의 연구는 인공

딥러닝의 창시자로 불리는 제프리 힌턴(오른쪽 끝) 교수와
그의 제자인 오픈AI 공동창업자 일리야 서츠케버(왼쪽 끝)

신경망 연구에 새로운 전환점을 마련했다.

특히 힌턴은 로젠블랫의 실패에서 교훈을 얻어 잡음이 많은 데이터를 처리하는 데 탁월한 다층 인공신경망 개발에 성공했다. 더 나아가 그가 이끄는 연구팀은 정보를 추론하는 데 탁월한 순환신경망RNN, Recurrent Neural Network과 컴퓨터 비전을 위한 합성곱신경망CNN, Convolution Neural Network을 개발하는 데 기여해 오늘날 생성형 인공지능의 토대를 닦았다.

힌턴이 없었다면 챗GPT는 존재하지 않았을 것이다. 오픈

AI의 공동창업자인 일리야 서츠케버Ilya Sutskever가 힌턴의 수제자이기 때문이다. 서츠케버는 인공신경망을 구축하려면 그래픽 처리장치GPU, Graphics Processing Unit가 월등히 효과적이라는 사실을 간파한 인물이다. 그가 만든 인공지능 알렉스넷AlexNet은 2012년 한 대회에서 이미지 인식 오류율 16퍼센트라는 당대 최고 기록을 수립한다. 2010년을 전후해 등장한 인공지능은 사진 속 대상이 무엇인지 맞추는 컴퓨터 비전 시합에서는 오류율이 30퍼센트를 웃돌았는데 이를 크게 낮춘 것이다.

이후 힌턴과 서츠케버는 DNN리서치라는 스타트업을 창업한다. 이를 눈여겨본 구글은 DNN리서치를 이듬해 곧바로 인수했다. 힌턴은 한동안 구글 브레인의 석학 연구원으로 활동했으며 서츠케버는 이후 오픈AI에 공동창업자로 합류한다.

생성형 인공지능
챗GPT의 탄생

"실험용 쥐의 뇌와 동일한 복잡성을 가진 컴퓨터가 동일한 학습을 받는다면,
우리는 그 컴퓨터가 의식이 있다고 간주할 수 있다."

신경심리학자 도널드 헤브

1990년대에 접어들면서 빅테크 기업들은 인공지능에 주목하기 시작했다. 가장 빨랐던 곳은 100년 이상의 역사를 지닌 IBM이었다. IBM은 서양에서 가장 지적인 게임인 체스 경기에서 인간과 대결해 승리하는 것을 목표로 딥블루Deep Blue를 개발했다. 10년에 가까운 시간을 투입한 결과물이었다.

딥블루는 세계 최고 수준의 체스 기량을 갖추었다. 초당 수백만에 달하는 위치를 분석했고, 실수할 경우 이를 반복 학습했다. 1996년 딥블루는 당시 세계 체스 챔피언이었던 러시아의 가리 카스파로프Garry Kasparov와 맞붙어 1승 2무 3패로 패했다.

1997년 IBM은 딥블루의 단점을 개선해 다시 카스파로프와 대결한다. 하지만 이번 게임은 팽팽했다. 다섯 경기까지 결과는 1승 3무 1패. 마지막 한 판을 딥블루가 따내면서 경기는 인공지능의 승리로 끝났다. 딥블루는 카스파로프와 대결 이후 공식적으로 은퇴했지만, 금융, 의학, 기상 예측 등 각기 다른 영역에 도입되었다.

인공지능, 인간을 뛰어넘다

IBM은 딥블루 외에도 사람의 언어인 자연어를 이해하는 왓슨Watson을 개발했다. 왓슨은 2011년 미국 ABC의 인기 퀴즈쇼 〈제퍼디!Jeopardy!〉에 출전해 최종 우승이라는 타이틀을 거머쥔다. 당시 왓슨이 받은 상금은 약 8만 달러로 역대 최다 연승자의 상금을 넘어선 것이었다. 왓슨은 퀴즈 문제를 해결하기 위해 자연어 질문을 받는 대로 분석하고 몇 초 내에 정확한 답변을 생성하는 능력을 갖고 있었다. 특히 각종 책과 신문기사와 같은 방대한 분량의 비정형 데이터를 학습했으며 관용구, 은유, 말장난을 포함해 인간 언어의 뉘앙스를 이해할 수 있도록 설계됐다. IBM은 왓슨을 의료, 금융 등 여러 분야에 투입해 연구 중이다.

MIT 인공지능 연구실 출신이 설립한 아이로봇iRobot은 세계 최초로 2002년 가정용 청소로봇 룸바Roomba를 선보였다. 적외

선 센서를 사용해 주변 장애물을 감지하고 탐색하며, 랜덤워크 알고리즘을 접목해 낯선 환경에서도 청소를 한다. 이는 소비자 로봇 공학의 새로운 돌파구로 여겨졌다. 이후 음성 제어, 방바닥 매핑 기능, 고급 센서와 알고리즘 탑재 등으로 업데이트 됐으며, 아마존이 2022년 17억 달러에 아이로봇을 인수한다고 선언했다.

구글은 2010년대 들어 전방위적으로 인공지능 산업에 뛰어들었다. 가장 빨랐던 것은 웨이모Waymo로 유명한 구글의 자율주행 차량 프로젝트였다. 사람이 전혀 개입하지 않고 자율적으로 도로를 탐색하고 운전할 수 있는 완전 자율주행차 개발이 꿈이었다. 웨이모는 2016년에 계열사로 재편됐고 현재는 샌프란시스코를 포함해 일부 도시에서 베타 서비스를 제공하고 있다.

구글은 이밖에도 인공지능 연구소인 구글 브레인Google Brain 을 2011년 런칭하고 제프리 힌턴의 DNN리서치를 포함한 수많은 인공지능 기업을 인수했다. 이후 인공지능을 토대로 검색 능력을 업데이트한 놀리지 그래프Knowledge Graph, 미래 기술을 연구하는 구글 엑스Google X, 바둑에서 인간 챔피언을 물리친 알파고, 가상 비서 구글 어시스턴트Google Assistant 등을 차례로 개발했다. 딥마인드의 알파고가 이세돌 9단을 꺾은 것은 2016년이었다.

전 세계 최대 소셜미디어 서비스인 페이스북을 운영하는 메타Meta는 2014년 안면 인식 시스템인 딥페이스를 개발했다. 딥페이스는 합성곱신경망을 도입해 이미지 분석 능력을 극대화했다. 무려 400만 장에 달하는 얼굴 데이터를 훈련했는데, 1만 3000개에 달하는 얼굴 이미지로 테스트를 한 결과 97.3퍼센트에 달하는 정확도를 보였다. 하지만 사생활 침해와 오용 가능성에 대한 논란으로 비판을 받기도 했다.

"속이고 잡아내라" GAN의 출현

2015년을 전후해 출현한 새로운 인공지능 모델들은 종전 모델의 성능을 앞도하기 시작했다. 그동안 인공지능 모델은 신경생물학의 영향을 받아 장기 기억을 저장하는 방법을 연구하고 있었다. 신경심리학자인 도널드 헤브Donald Hebb는 자신의 책 《행동의 조직화The Organization of Behavior》에서 우리 뇌가 무엇인가를 기억하는 행위에 대해 전체가 아닌 극히 일부 뉴런에서 이 정보를 변환해 보관하고 있는 상태라고 주장했다. 신경세포인 뉴런들이 자극을 받아 동시에 활성화되면 그 사이 통로인 시냅스의 연결이 강화되고 특정 시냅스에서 장기 강화LTP, long-term potentiation 현상이 나타난다는 메시지였다.

수십 년간 장기 기억은 인공지능 학계에서 큰 숙제였다. 자연어 처리, 음악 작성, 컴퓨터 비전과 같은 시간차가 필요한 분야에서는 반드시 인공지능이 장기적으로 기억할 수 있는 능력을 갖추고 있어야 했다.

예를 들어 한국어를 영어로 번역할 때, 첫 번째 입력한 단어는 곧바로 이어지는 영어 단어 순서에 영향을 준다. 만약 인공지능 기억이 매우 짧다면 번역은 불가능하다. 이 문제를 해결하기 위해 순방향 신경망인 피드포워드 네트워크FFNN, Feed-Forward Neural Network를 업그레이드해 층 내에서 서로 되먹임할 수 있도록 한 순환신경망이 개발되었다.

오늘날 원본과 유사하지만 독창적인 그림이나 문장을 생성하는 이른바 생성형 인공지능 역시 피드포워드 네트워크를 학습시키는 과정에서 발견되었다. 몬트리올대학교의 이언 굿펠로Ian Goodfellow 팀은 인공지능이 적대적 상황에 놓이면 보다 강력한 샘플을 생성한다는 사실을 알아냈다.[1] 이를 위해서는 이미지·동영상·텍스트·사운드를 분류하는 머신러닝의 한 유형인 합성곱신경망이 필요하다. 한 인공지능은 꾸준히 그림을 그려대고, 또 다른 인공지능은 그 결괏값을 입력값으로 받아들여 이 그림이 진짜인지 가짜인지를 판별하는 식이다. 마치 특수 경찰관이 위조지폐범이 계속해서 그려댄 위조지폐를 식별하면서 서로 실력을 겨루고 발전하는 과정과 흡사하다. 이른바 생성형 대립신경망GAN, Generative Adversarial Network의 등장이다.

특히 GAN은 별도로 학습을 시킬 필요가 없는 비지도 학습을 토대로 한다. GAN을 활용하면 우주 천체 이미지에서 잡음을 제거할 수 있고 인간의 감정적인 언어 표현까지 생성할 수 있다. 이언 굿펠로는 졸업 후 오픈AI, 구글 리서치, 애플 등을 누비며 GAN을 전파했다.

GAN을 활용한 서비스들이 속속 등장했다. 미국의 대표 반도체 기업인 엔비디아NVIDIA에서 개발한 스타일GAN은 사실적으로 사람 얼굴을 그리고 고해상도 이미지를 생성하며 패션 디자인에도 활용할 수 있다. 또 UC버클리에서 내놓은 사이클GANCycleGAN은 다양한 이미지를 전환하는 데 성공했다. 말 사진을 올리면 얼룩말로 전환되는 방식이다. 또 다른 UC버클리 팀이 만든 픽스투픽스Pix2Pix는 스케치 그림을 올리면 디지털 아

**요하네스 페르메이르의 〈진주귀고리를 한 소녀〉(오른쪽)와
오픈AI의 인공지능 달리의 모사작**

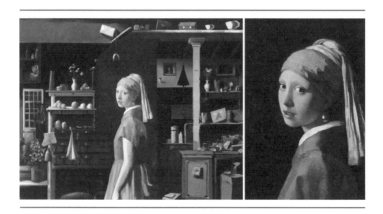

트로 전환해준다. 오픈AI가 내놓은 달리DALL-E 역시 GAN을 기반으로 이미지를 생성한다. 영어로 간단한 문장만 입력하면 원하는 그림을 얻어낼 수 있다.

대화형 인공지능 GPT-3.5

오늘날 큰 인기를 끈 챗GPT의 토대가 되는 인공지능은 GPT-3.5로 기계 번역의 능력을 극대화한 트랜스포머를 탑재

하고 있는데, 경쟁 모델로는 구글이 만든 BERTBidirectional Encoder Representations from Transformers가 있다. 소프트웨어 업계에서는 트랜스포머를 넣으면 성능이 배가된다고 극찬하고 있다. 인공지능에서 모든 것의 토대가 된다는 뜻에서 파운데이션 모델foundation model이라는 별칭도 붙었다. 스탠퍼드대학교는 이에 대해 "우리가 가능하다고 상상하는 것들의 범주를 넓혔다"라고 평가하기도 했다.

트랜스포머 모델은 종전 모델과 무엇이 다르기에 극찬을 받을까. 인공지능 프로세스는 크게 다음과 같다. 데이터를 수집하고 모델에 사용할 수 있도록 데이터를 정리하는 전처리 과정을 거친다. 이후 인간의 뇌를 닮은 신경망인 모델 아키텍처를 만들어 데이터를 넣어 학습시킨다. 마지막 단계는 교차 검증을 통해 모델의 정확도를 평가하고 성능을 개선하기 위해 튜닝을 실시한 뒤 배포하는 것이다.[2]

딥러닝 모델은 인간의 뇌와 유사하다. 입력층Input Layer과 출력층Output Layer 사이에는 무수히 많은 은닉층Hidden Layer이 있는데, 각 층은 수많은 노드nod로 구성돼 있다. 또 노드는 파라미터parameter로 연결돼 있다. 마치 망막에 들어온 이미지 정보를 개별 뉴런이 자극의 강도에 따라 활성화되거나 비활성화되고, 그 정보를 연결 통로인 시냅스를 통해 또 다른 뉴런에 전달해 무 엇인가를 판단을 내리는 우리 두뇌와 같다. 뉴런은 노드, 피질 은 레이어, 시냅스는 파라미터로 볼 수 있다.

다른 것이 있다면 인공지능 모델은 수학과 통계를 사용할 뿐이다. 예를 들어 '회사'라는 단어 다음에 오는 단어를 예측하는 매우 간단한 인공지능이 있다고 해보자. 학생이라는 단어가 입력층에 전달되면 이를 컴퓨터가 이해할 수 있도록 숫자로 우선 전환된다. 이어 각 노드는 숫자 여러 개를 나열한 중간값인 '임베딩 벡터Embedding Vector'를 생성한다.

인공지능이 임베딩 벡터를 각기 다른 숫자로 만드는 이유는 여전히 알려진 바 없다. 다만 임베딩 벡터는 유사한 것끼리는 유사한 값을 갖도록 구성된다. 예를 들어 남자와 여자는 유사 벡터를 갖고, 왕과 왕비 역시 유사 벡터를 갖는다. 남자와 여자 다음 단어에 같은 단어가 나타날 확률이, 남자와 동물 다음에 같은 단어가 나올 확률보다 높기 때문이다.

'남자'라는 단어 뒤에 '공부한다'라는 단어가 올 수 있지만, '호랑이'라는 단어 뒤에 '공부한다'라는 단어가 올 확률은 낮다. 임베딩 벡터는 함수다. 모델을 열어보면 이들 단어는 다차원 공간에서 비슷한 곳에 위치한다. 뇌의 뉴런도 종류가 있듯이 벡터에도 종류가 있다.

GPT-3.5는 2022년 11월 개발을 끝냈는데, 1750억 개에 달하는 파라미터로 구성되어 있다. 수학으로 표현하면 함수가 1750억 개에 달하는 막대한 모델이다. 그만큼 무수히 많은 조합으로 인간과 유사한 언어능력을 구사할 수 있는 것이다.[3]

트랜스포머로 막강해진 챗GPT

GPT-3.5를 근간으로 하는 챗GPT의 성능이 막강한 까닭은 크게 막대한 데이터 학습, 지도 학습과 비지도 학습을 혼합한 준지도 학습Semi-supervised Learning, 적은 데이터 학습으로도 뛰어난 성능을 지닐 수 있는 퓨샷러닝Few-shot learning, 다양한 인격을 가질 수 있도록 한 프롬프트 프로그래밍Prompt programming, 끝으로 긴 문장이 입력돼도 뛰어난 분석 성능을 보여준 트랜스포머 등이 있어서다.

우선 GPT-3.5는 엄청난 데이터를 학습했다. 일반적으로 웹에서 크롤링(수집)한 말뭉치인 토큰은 4100억 개, 추가 웹 텍스트는 190억 개, 책은 670억 개, 위키피디아 단어는 30억 개에 달한다. 한 인간이 평생 학습할 수 없는 양을 학습한 것이다. GPT-3.5는 준지도 학습으로 학습됐다. 비지도 학습을 통해 사전 훈련을 시킨 뒤 미세 조정한 데이터를 합친 방식이다.

통상 지도 학습은 각 데이터마다 꼬리표인 레이블을 붙여야 하기 때문에 데이터가 많을수록 막대한 자금과 시간이 필요하다. 반면 비지도 학습은 결괏값이 정교하지 않을 수 있다. 이를 균형있게 조정한 것이다. 학습 방식도 퓨샷러닝을 사용했다. 소량의 데이터만 입력해도 기계가 학습하는 방식으로, 샘플만 입력해도 훌륭한 성능을 낼 수 있다는 평가를 받고 있다.

챗GPT를 활용할 때 놀라운 것은 요구에 따라 변신한다는 것이다. 소설가를 원하면 소설가로, 상담사를 원하면 상담사로, 번역가를 원하면 번역가로 변신한다. 이는 프롬프트 프로그래밍이라는 방식을 채택했기 때문인데 GPT-3.5에 새 작업을 하도록 요청해도 가중치 변경 없이 새 작업을 할 수 있다.

챗GPT의 핵심은 트랜스포머다. 이를 통해 시퀀스 투 시퀀스Sequence to Sequence를 수행할 수 있다.[4] 여기서 시퀀스란 무엇인가를 나열한다는 뜻으로, 문장, 이미지 등 모든 것이 될 수 있다. 다만 자연어 처리에서는 문장이 곧 시퀀스라 할 수 있다. 즉 한 문장을 넣으면 다른 문장이 되어 나타나는 것이다. 번역이나 추론, 전망도 이를 통해 가능하다. 주가예측을 한다면 '미국 연방준비제도가 금리를 올렸다'라는 시퀀스가 '미국 나스닥이 하락했다'라는 시퀀스로 변경되는 것을 뜻한다.

트랜스포머에는 정교함을 극대화하고자 셀프어텐션self attention 이라는 기능이 포함돼 있다. 모델에는 인코더Encoder와 디코더Decoder가 존재하는데, 인코더가 입력 시퀀스를 압축해 디코더로 보내면 디코더는 목표로 한 시퀀스를 생성한다. 인코더에 들어온 시퀀스를 압축하는 과정을 인코딩이라고 부르고 나가는 것을 디코딩이라고 한다. 오염된 물이 정수기 필터를 지나가는 것과 흡사하다. 번역 인공지능을 예로 들면 '나는 너를 사랑한다'라는 한 문장의 시퀀스가 인코더에 들어오면, 디코더는 'I love you'라는 번역 문장의 시퀀스를 생성한다.

구글의 트랜스포머 모델에서는 인코더에 들어온 시퀀스가 셀프어텐션 레이어를 지나도록 하고 있다. 오픈AI의 트랜스포머 모델에서는 디코더에 마스크드 셀프어텐션 레이어가 있다. 셀프어텐션은 말 그대로 '스스로 집중한다'는 뜻이다.

인간의 뇌를 생각해보자. 한 사람이 편의점 문을 열고 들어와 "아…… 그, 저 말인데요. 저기 있는 우유 얼마인가요?" 하고 우물쭈물 묻는다면, 점원은 "아…… 그, 저 말인데요"보다는 "저기 우유 얼마인가요?"라는 문장 속 주요 단어를 재빠르게 파악할 수 있다. 우리 뇌는 이처럼 수많은 단어 속에서 핵심만 추리는 능력이 있는 것이다.

마찬가지로 셀프어텐션 레이어는 가장 중요하고 관련 있는 정보를 집어낸다. 한 시퀀스가 입력되더라도 '하지만', '그러나', '결론적으로'와 같은 주요 토큰에 집중한다. 또 디코더로 나가는 시퀀스에 있는 마스크드 셀프어텐션 레이어는 정교한 시퀀스를 형성하도록 돕는다.

지금까지 인공신경망 모델은 문장이 길어질수록 문맥을 해석하는 것을 힘들어했다. 모든 단어를 일일이 훑어서 분석해야 했기 때문이다. 하지만 트랜스포머 모델은 셀프어텐션 레이어를 통해 집중할 수 있다. 아무리 문장에 단어가 많더라도 필요한 정보만 빠르게 이해하고 불필요한 단어를 내뱉지도 않는다. 챗GPT에 오타가 수두룩한 문장을 대충 입력해도, 사용자의 뜻을 헤아려 군더더기 없이 답변하는 것은 바로 트랜스포머의 힘이다.

오픈AI가 그리는 빅픽처

"인공 일반 지능이 개발되면, 자본주의가 무너질 수 있다.
인공지능이 스스로 수익을 창출하면 어떻게 배분할 것인가.
또 이런 인공지능은 누가 통제할 수 있을 것인가."

오픈AI 공동창업자 샘 올트먼

미국 샌프란시스코를 동서로 가로지르는 18번가 동쪽 귀퉁이에는 빅토리아풍의 3층짜리 작은 건물이 있다. 2023년 전 세계를 흥분과 충격에 빠지게 한 챗GPT 개발사인 오픈AI의 본사로 19세기 대부호인 토마스 헤이스Thomas Hayes의 이름을 딴 '헤이스밸리Hayes valley'에 위치한다. 이곳은 샌프란시스코 번화가인 유니언 스퀘어에서도 5킬로미터 정도 떨어져 있다.

헤이스밸리는 수많은 스타트업 창업자가 몰리기 직전까지 반전과 자유를 갈망한 히피들의 성지와 같은 곳이었다. 베트남 전쟁이 끝나고 잇따른 사건과 사고로 히피들은 하나둘 이곳을 떠났지만, 대신 이들의 정신을 계승한 다른 젊은이들이 몰려왔다. 바로 젊은 스타트업 창업가들이다.

샌프란시스코에 위치한 오픈AI의 모습

히피가 떠난 자리에 둥지 튼 해커 하우스

샌프란시스코와 산호세로 이어지는 실리콘밸리의 서쪽에 있는 헤이스밸리는 2000년대 들어 폭발적으로 성장했다. 청년 창업가들이 몰려들자 이들을 지원하는 단체들도 하나둘 생겨났다. 엔지니어들에게 기금과 프로그램을 제공하는 비영리단체 해커파운데이션Hacker Foundation이 대표적인 곳이다. 또 트웬티미션20Mission, 엠바시The Embassy, 쉽야드The Shipyard, 노이즈브릿지Noisebridge처럼 청년들에게 사무실과 교류의 장, 그리고 숙소까

지 제공하는 이른바 해커 하우스들이 줄지어 들어섰다.[1]

게다가 미국 서부의 명문 대학인 스탠퍼드와 UC버클리가 차량으로 30분 거리에 위치하고, 실리콘밸리 투자자들의 요람인 샌드힐로드Sand Hill Road는 40분이면 닿는다. 청년 창업가, 막대한 인적자원, 풍부한 투자자본이 히피들이 떠난 이곳을 인공지능의 성지처럼 탈바꿈시키고 있는 것이다.

실제로 통계를 봐도 이런 현상은 두드러진다. 벤처캐피털인 NFX에 따르면, 전 세계 생성형 인공지능 스타트업 579곳 가운데 100여 곳이 샌프란시스코에 있다. 오픈AI 외에도 대규모 데이터를 요약하는 프라이머Primer, 학습 데이터를 생성하는 스케일AI Scale AI, 기계학습 모델을 최적화하는 시그옵트SigOpt, 자동화 모델을 만들고 있는 데이터로봇DataRobot, 자율주행 인공지능 스타트업 마이티AI Mighty AI 등 수많은 스타트업이 활동 중이다. 인공지능 스타트업이 밀집하다 보니 이 일대를 '세레브랄밸리 Cerebral Valley'라고 부르기도 한다.[2] 여기서 세레브랄은 두뇌라는 뜻이다.

머스크와 올트먼의 의기투합

오픈AI는 2015년 12월 테슬라의 CEO 일론 머스크, 와이콤비네이터의 CEO 샘 올트먼, 제프리 힌턴의 수제자 일리야 서츠케버 등이 인공지능 연구를 위해 함께 설립한 비영리 스타트업이다. 히피들이 자유와 반전을 꿈꾸며 사회 운동을 벌였듯이, 오픈AI 역시 비영리를 기치로 인류의 이익을 위해 인공지능을 연구하겠다고 선언했다.

공동창업자로는 그렉 브록먼Greg Brockman, 존 슐먼John Schulman, 보이치에흐 자렘바Wojciech Zaremba가 있는데 창업 구상은 일론 머스크가 가장 먼저 한 것으로 알려졌다. 창업자들은 설립 이전부터 범용 인공지능이라고 불리는 이른바 '인공 일반 지능AGI, Artificial General Intelligence'에 대한 경외감과 공포감을 동시에 드러내 주목을 받았다.

인공 일반 지능이라는 용어는 마크 구브루드Mark Gubrud 노스캐롤라이나대학교 교수가 1997년 〈나노기술과 국제 안보〉라는 논문에서 자기 복제 시스템을 갖춘 군사용 인공지능의 출현을 전망하며 처음 사용했다. 인간의 지시 없이도 스스로 학습과 훈련이 가능한 꿈의 인공지능으로 특수 목적용 인공지능하고는 분명하게 구분된다. 창업자들은 딥마인드의 알파고가 이세돌 9단을 꺾었던 2016년 이전부터 인공 일반 지능에 대해 여러 전망을 내놓았다.

"인공지능은 인간의 삶을 바꾸고 질병과 빈곤 같은 커다란 문제를 해결할 수 있는 잠재력이 있습니다. 반면 우리에게 가장 큰 실존적 위협이 무엇일지 묻는다면, 그것 역시 인공지능일 것입니다."

— 일론 머스크

"인공지능은 가장 흥미롭고 중요한 기술입니다. 저는 인공지능이 인류 역사상 그 어떤 것보다 세상을 변화시킬 것이라고 생각합니다. 전기보다 더 많이요."

— 샘 올트먼

"인공지능은 매우 강력한 도구입니다. 즉 도구와 마찬가지로 좋거나 나쁘게 사용될 수 있습니다."

— 일리야 서츠케버

2014년 머스크는 실리콘밸리의 천재로 불리는 올트먼을 만나 회사를 설립하기로 뜻을 모은다. 이들은 인재들을 비밀리에 영입했다. 힌턴 교수의 제자 서츠케버가 합류했고, 이어 온라인 결제 서비스를 제공하는 스트라이프의 CTO(최고기술책임자) 브록먼, 로봇 공학에 두각을 드러낸 슐먼과 딥러닝 연구원인 자렘바가 잇따라 공동창업자로 영입되었다.

오픈AI의 목적은 분명했다. 인류의 발전을 위해 유익한 인공지능을 개발해 안전하고 유익한 방식으로 사용되도록 하는 것이었다. 창업자들이 비영리단체로 결성한 이유는 히피 정신과 유사하다. 영리 법인이 이러한 인공지능을 독점할 경우 인공지능에 대한 통제가 되지 않을 것이라는 염려에서다.

샘 올트먼은 왜 챗GPT를 공개했는가

샘 올트먼은 오픈AI 설립 이유를 사회 운동으로 설명했다. 그는 2023년 《포브스》와의 인터뷰에서 챗GPT를 무료로 외부에 공개한 이유를 '오버톤 윈도Overton Window' 효과를 위해서라고 언급하기도 했다.[3]

오버톤 윈도는 극단적 선택지 가운데 대중이 받아들일 수 있는 정책과 사고의 범위를 말하는데, 외부 충격에 따라 수용 여부가 달라진다. 1998년 외환위기를 계기로 국제통화기금IMF이 대규모 정리해고를 권고하자, 근로자들은 저항 없이 수용했다. 일반인들이 인공지능에 대한 경외심과 공포감을 가지라는 메시지를 던지고자 기술을 공개했다는 것이다.

올트먼은 특히 인공지능이 고도로 발달할 경우 자본주의가 무너질 수 있다고 경고했다. 인공지능이 인간을 대신해 스스로 수익을 창출하는 세상이 온다면, 시장 경제의 근간인 사유재산에 대한 권리를 더 이상 주장하기 힘들 것이라는 뜻이다. 그는 "자본주의를 사랑한다"면서도 "하지만 자본주의는 나쁜 시스템 중에서 가장 좋은 시스템이기 때문에, 현존하는 더 나은 방안을 찾았으면 한다"라고 말을 이었다.

오픈AI는 기존의 기업과는 다른 방식으로 만들어졌다. 올트먼은 구체적으로 "인공 일반 지능은 (스스로 일해) 수익을 발생시킬 텐데 이를 어떻게 배분해야 할지가 관건일 것"이라며 "이런 인공지능을 누가 통제할 수 있으며, 이를 소유한 회사는 어떤 지배구조(거버넌스)로 구성이 되어야 하는지 등 새로운 생각이 필요하다"라고 말했다. 막대한 성능을 지닌 인공지능이 고장 날 경우 특별한 조치가 필요할 수 있고, 이 때문에 특정 회사가 이런 인공지능을 소유해서는 안 된다는 말도 잊지 않았다.

이미지를 자유롭게 그리는 달리2DALL-E2와 문장을 자유자재

생성하는 챗GPT를 공개한 이유 역시 "구글은 연구 실적을 공개하지 않고 있고, 인공지능이 안전하지 않을까 두려워하는 사람이 많다"면서 "하지만 정말 중요한 것은 앞으로 세상에 일어날 일을 사람들이 이해하기 시작할 수 있도록 하는 것이고, 이를 위해 때로는 불편하겠지만 건강하게 생각하는 것이 중요하다"라고 말했다. 인공지능에 대한 관심을 지금보다 더 많이 가져달라는 메시지였다.

더 나아가 오픈AI의 미라 무라티Mira Murati CTO는 인공지능에 대한 규제가 필요하다고까지 했다. 챗GPT에 대해 "높은 인기는 일부 윤리적 문제를 불러일으킨다"면서 "인간의 가치에 부합하도록 인공지능을 통제하는 것이 중요하다"라고도 강조했다. 인공지능 기술이 가져올 영향을 고려할 때 전 세계적인 차원에서 소유권과 윤리 문제에 대해 머리를 맞대자는 제언이었다.

오픈AI는 설립과 함께 실리콘밸리의 주목을 한 몸에 받았다. 빅테크 산업의 거인들의 시작이었기에 투자 유치는 어렵지 않았다. 일론 머스크 외에 링크트인LinkedIn 설립자인 리드 호프먼Reid Hoffman, 페이팔PayPal의 공동창업자 피터 틸Peter Thiel 등이 통큰 투자를 하며 몇 년에 걸쳐 10억 달러 투자를 약속했다.

2018년 머스크는 오픈AI가 구글에 비해 뒤처져 있다고 주장하면서 직접 CEO로 나서겠다고 밝혔다. 하지만 다른 공동창업자들이 반대에 나섰고, 이후 머스크는 오픈AI를 떠나게 되었다. 약속한 투자 계획 역시 중단했다. 추가 자금이 필요했던 오픈AI는 오픈AI 유한투자OpenAI LP라는 영리 자회사를 설립했다.[4]

머스크가 빠진 자리는 마이크로소프트가 대신했다. 마이크로소프트는 2019년 오픈AI에 초기 투자를 단행했고, 이후 2022년까지 총 100억 달러에 달하는 자금을 투자하며 그 대가로 파트너십을 요구했다. 챗GPT의 업데이트 버전은 마이크로소프트의 챗봇인 '빙'에 탑재되었고, 마이크로소프트는 구글이 장악한 검색 시장을 점점 확대 중이다.

끝없는 시행착오

오픈AI가 창업 직후부터 이러한 기술을 만들어낼 수 있었던 것은 아니다. 오픈AI는 로봇에서부터 토론 인공지능까지 수많은 시행착오를 겪었다. 처음 내놓은 것은 '짐Gym'이다. 인공지능이 비디오 게임을 플레이하고, 가상공간 속 로봇 팔을 훈련했다. 로봇 공학에서 인공지능이 할 수 있는 일이 무엇인지 모색하는 '닥틸Dactyl'이라는 인공지능도 개발했다.

이를 실제 세상에 접목한 것이 로보스모RoboSumo라는 인공지능이다. 말 그대로 원형 경기장에서 스모를 하는 실물 로봇 경기로 로봇에는 센서와 모터가 장착돼 있고 두뇌인 인공지능이 스스로 학습해 상대 로봇을 경기장 밖으로 밀어내도록 설계된다. 로보스모에는 GAN 모델이 탑재돼 있어 훈련을 하면 할수록 능력을 키웠다. GPT 출시 직전에는 토론 인공지능인 디베이트 게임Debate Game을 만들어 인공지능이 인간과 교류할 수 있는지를 테스트했다.

이 같은 시행착오를 거친 오픈AI는 마침내 GPT 개발에 성공했다. 구글 브레인의 아시시 바스와니Ashish Vaswani 팀이 〈어텐션이 필요한 모든 것Attention Is All You Need〉이라는 논문을 발표한 것이 2017년인데, GPT는 이듬해 출시되어 구글의 영향이 컸음을 짐작할 수 있다. GPT-1은 1억 1700만 개 파라미터로 총 40기가바이트의 데이터를 학습했는데, 이듬해 나온 GPT-2는 15억 개의 파라미터로 같은 용량의 데이터를 학습했다.

파라미터는 시냅스처럼 그 수가 많을수록 보다 복잡한 데이터를 분석하고 정교한 답변을 할 수 있다. 40기가바이트는 책으로 치면 800만 페이지에 달하는 분량이다. GPT-2부터 질문에 답변하고, 요약을 하며 번역을 할 수 있도록 설계됐는데, 이들 모델은 일반에 공개하지 않아 주목을 끌지 못했다.

오늘날 챗GPT의 기본 모델인 GPT-3은 2020년 12월에 개발이 완료되었다.[5] GPT-3은 파라미터 수가 1750억 개로 종전 버전보다 100배 이상 증가했다. 또 학습 데이터도 570기가바이트에 달한다. 수백, 수천억 규모의 파라미터를 가진 인공지능을 컴퓨터 업계에서는 초거대 인공지능이라고 부른다. 막대한 규모의 데이터를 학습해 자연어 처리는 물론 컴퓨터 비전, 음성 인식 등 다방면에서 활용이 가능하다. GPT-3.5는 2022년 3월 업데이트한 버전으로 2021년 6월까지 생성된 데이터를 학습했고 자연어를 입력하면 코드를 생성하는 기능마저 탑재했다.

오픈AI는 용도에 맞게 수많은 응용 버전을 만들어냈다. 사용자가 질문인 쿼리를 입력하면, 막대한 리소스가 들어가기 때문이다. 챗GPT에 입력하는 질문(쿼리)당 약 2센트의 비용이 발생한다. 이 때문에 컴퓨팅 리소스를 적게 차지하는 언어 처리에 특화된 GPT-3 XL(파라미터 13억 개), 스마트폰 테스트용 GPT-3 2.7B(파라미터 27억 개), 컴퓨터 테스트용 GPT-3 6.7B(파라미터 67억 개) 등 다양한 버전을 내놓았다. 또 테스트용으로 GPT-3 스몰·미디엄·라지(파라미터 1억 2500만~7억 6000만 개)를 별도로 만들기도 했다.

챗GPT는 코드 생성 기능을 장착한 업데이트 버전인 GPT-3.5를 토대로 하는데, 2022년 1월 발표한 언어처리 모델인 인스트럭트GPT의 장점을 결합한 융·복합 버전이다. 특히 수요자의 트래픽이 몰리는 것에 따라 다른 버전을 적용하는 동적 모델인 것으로 알려졌다. 실리콘밸리에서는 GPT-3 스몰 또는 GPT-3 XL이 동적으로 구동하는 것으로 추정하고 있다. 사용자 수요가 몰리면 파라미터가 적은 버전이 등장하고, 수요가 없으면 큰 파라미터가 있는 버전이 구동되는 방식이다.

파라미터 수가 서버 안정성과 직접적인 관련은 적지만, 파라미터 수가 늘면 실행에 상당한 컴퓨팅 리소스가 투입돼야 하는 문제점이 발생한다. 때문에 사람이 뜸한 한적한 시간에 사용하면 매우 빠른 속도로 정확한 답변을 내놓는 데 반해, 사람이 몰리는 시간대에 활용하면 성능이 저조한 것 같은 기분이 드는 이유 역시 챗GPT가 동적 버전이기 때문인 것으로 보인다.

오픈AI는 2023년 2월 챗GPT의 유료 버전인 플러스를 출시했다. 월 20달러에 우선 접근 권한을 부여한 이 버전은 현재 GPT-4를 안정적으로 제공하는 것으로 추정된다. 또 향후 더 큰 파라미터를 지닌 GPT-3 버전을 제공하는 챗GPT 프로페셔널을 제공할 것으로 알려졌다. 현재 오픈AI는 유료 버전을 꾸준히 출시하고 있는데, 2023년 3월 출시한 챗GPT 위스퍼 API가 대표적이다. 기업용으로 API application programming interface 를 제공해 다양한 기업이 자신만의 챗봇을 구축할 수 있도록 지원하는 음성-텍스트 변환 모델로, 향후 오픈AI는 챗봇 시장을 빠른 속도로 잠식할 것으로 보인다.

이미지까지 이해하는 GPT-4

오픈AI는 현지 시각 2023년 3월 14일, 챗GPT의 골격인 초거대 인공지능 GPT를 GPT-4로 업데이트했다고 밝혔다. 이날 샘 올트먼 오픈AI CEO는 트위터를 통해 "GPT-4는 가장 뛰어나고 정리가 잘 된 모델"이라고 강조했다.

GPT-4는 현재 챗GPT의 근간이 되는 GPT-3.5의 업데이트 버전으로 미국 모의 변호사시험에서 상위 10퍼센트, 미국 대학 입학 자격시험인 SAT 읽기와 수학에서 각각 상위 7퍼센트와 11퍼센트의 성적을 기록했다.

추론 능력도 대폭 향상되었으며, 인공지능이 거짓말을 하는 이른바 '환각hallucination 현상' 역시 감소시켰다. 오픈AI는 "GPT-4가 허용되지 않은 콘텐츠 요청에 응답할 가능성이 82퍼센트 줄었다"면서 "사실을 바탕으로 대답하는 비율도 GPT-3.5보다 40퍼센트 정도 높아졌다"라고 설명했다.

가장 주목받는 것은 이미지를 올리면 텍스트로 인식하는 기능이다. 이미지 속의 그림이나 글자를 인식해 대화를 주고받을 수 있다. 예를 들어 복잡한 의약품을 스마트폰 카메라로 촬영해 업로드하고 해당 제품의 성분과 장단점을 물어볼 수 있다. 더 놀라운 점은 식재료 분석이다. 식재료 사진을 아무렇게나 촬영해 올리면, 챗GPT가 해당 식재료로 만들 수 있는 요리와 그 요리 조리법을 작성한다.

텍스트 분석 기능도 대폭 업데이트돼 GPT-4는 2만 5000단어 이상을 한 번에 분석한다. 오픈AI는 "URL을 입력하면 보다 긴 형식의 콘텐츠를 생성할 뿐 아니라, 보다 정교하게 분석할 수 있다"라고 설명했다. 하지만 GPT-4가 얼마나 많은 파라미터를 가졌는지에 대해서는 함구했다.

파라미터란 인간의 뇌에 있는 시냅스와 같은 요소로 파라미터가 많다는 것은 그만큼 연산 능력이 높아 복잡한 문제를 더 정교하게 처리할 수 있다는 것을 의미한다. GPT-3.5는 1750억 개의 파라미터를 갖고 있다. 오픈AI는 챗GPT 무료 버전은 GPT-3.5, 유료 버전인 '플러스'는 GPT-4에 연동했다고 밝혔다.

이러한 발전은 샘 올트먼 오픈AI CEO가 강조한 인간을 대신하고 스스로 학습하는 인공 일반 지능에 다소나마 근접하는 양상이다. 인공 일반 지능을 장착한 챗GPT는 파라미터 수가 100조 개에 달해, 인간 시냅스 100조 개에 버금가는 능력을 지닐 것이라는 기대를 받고 있다. 오픈AI의 공동창업자 샘 올트먼은 2022년 9월 한 팟캐스트에 출연해 가까운 미래에는 멀티모달Multi Modal이 장착된 인공지능이 출현할 것으로 전망했다.[6]

멀티모달은 시각·청각 등 인간의 오감처럼 다양한 인터페이스를 통해 다양한 정보를 전달 받아 학습하는 인공지능을 뜻한다. 실제로 현재 오픈AI는 멀티모달 전문가를 채용 중이다. 올트먼은 이에 대해 "멀티모달로 학습한 인공지능의 출현이 멀지 않았다"면서 "이를 통해 사람들은 매우 놀라운 작업을 할 것"이라고 전망했다. 그는 "멀티모달을 장착한 인공지능은 테크업계에서 매우 강력한 플랫폼이 될 것"이라며 "스마트폰 이후로 그러한 플랫폼은 없었으며 이를 구현한 회사는 폭발적으로 성장하리라 믿는다"라고 말했다.

이러한 인공지능이 언제 출현할지는 미지수지만, 오픈AI의 궁극적인 빅픽처는 스스로 학습하고 작업하는 창발emergence 능력을 갖춘 인공지능이라는 사실을 알 수 있다. 이러한 인공 일반 지능이 출현할 경우 스스로 학습하기 때문에 학습 데이터 양이 무의미해지고, 우리 사회에 어떠한 영향을 줄지는 가늠조차 되지 않는다.

CHAT
GPT
WAR

Part 2

게임체인저 챗GPT

무엇이 바뀌고
무엇이 사라질 것인가

산업의 판이 바뀐다

"챗GPT의 등장은 인터넷의 발명만큼 중대한 사건이다.
인공지능은 다양한 분야에서 엄청난 영향을 줄 것이며,
향후 2년에 걸쳐 세상은 크게 진보할 것이다."

마이크로소프트 창업자 빌 게이츠

생성형 인공지능은 방대한 데이터를 학습하면 독창적인 프로그래밍 코드와 이미지, 문장을 자유롭게 생성한다. 이전과는 차원이 다른 결과물을 내놓고 있어 이와 연관된 산업들이 크게 재편될 것으로 보인다. 코드를 짜지 않고 프로그램을 다룰 수 있는 노코드No-code나, 코드를 적게 사용하는 로우코드Low-code 산업을 활성화시킬 것으로 예상된다.

마이크로소프트의 창업자인 빌 게이츠는 2023년 2월 독일 경제지《한델스블라트》와의 인터뷰를 통해 생성형 인공지능을 제2의 인터넷이라고 진단했다. 그는 "생성형 인공지능은 현시점에서 가장 중요한 혁신"이라면서 "인공지능 챗봇인 챗GPT의 등장은 인터넷의 발명만큼 중대한 사건이 될 수 있다"라고 말했다.

컴퓨터 역사에서 처음으로 노코드 붐이 분 것은 2010년 이후로, 대표적인 툴은 재피어Zapier와 버블Bubble이 있다. 재피어는 마케팅 업무 자동화 툴로 프로그램과 프로그램을 끈처럼 연결하는 API를 활용해 자동으로 웹을 구축할 수 있게 해준다. 버블은 드래그 앤 드롭Drag and drop, 즉 마우스로 객체를 끌어다 놓기만 하면 되는 방식이다. 이를 통해 애플리케이션이나 웹사이트 등을 손쉽게 구축할 수 있다.

노코드가 새로운 길을 제시하자 구글과 아마존도 이에 가세했다. 구글은 코딩 기술이 없어도 모바일 앱을 만들 수 있는 글라이드Glide 서비스를 내놓았고, 아마존은 모바일 앱과 웹을 코드 없이 구축할 수 있는 허니코드Honeycode를 출시했다.

노코드·로우코드 툴은 스타트업 종사자에게 큰 가능성을 열어주었다. 마케팅과 상품 판매를 할 수 있다면, 프로그램을 몰라도 툴을 활용해 사업을 시작할 수 있다. 문제는 이런 툴들이 정해진 규칙 내에서만 사용이 가능했다는 점이다. 때문에 생성형 인공지능인 챗GPT를 활용한 코딩은 또 한 번 프로그램 생태계를 뒤바꿀 것으로 보인다.

챗GPT라는 올라운드 프로그래머

챗GPT는 인간의 언어인 자연어를 이해하고 분석해 코드를 생성한다. 챗GPT의 근간인 초거대 인공지능 GPT-3.5에 코드를 생성해 주는 'code-davinci-002'라는 기능이 추가됐기 때문이다. GPT-3.5는 159기가바이트 분량의 코드를 학습한 코덱스Codex를 연동하고 있어 다양한 코드 생성이 가능하다.[1] 일정 부분 코딩에 대한 이해와 논리, 그리고 자신이 무엇을 원하는지 정확히 아는 사용자라면 원하는 코드를 생성할 수 있다. 챗GPT가 소프트웨어 업계의 게임체인저로 불리는 이유다. 이런 챗GPT가 파고들 영역은 전방위적이다.

지금껏 프로그래머들은 프론트엔드, 백엔드, 모바일 개발, 머신러닝, 게임 개발 등 한 분야에 특화되어 있었다. 전체를 총괄하는 풀스택 개발자가 없는 것은 아니지만 극히 드물다. 하지만 챗GPT는 이를 모두 소화할 수 있다. 챗GPT로 다룰 수 있는 프로그램 언어는 약 12종(HTML, CSS, 자바스크립트JavaScript, 파이썬Python, 루비Ruby, Node.js, 텐서플로우TensorFlow, 파이토치PyTorch, 판다스Pandas, 매트플롯립Matplotlib, 유니티Unity, 언리얼 엔진Unreal Engine)으로, 웬만한 프로그래머보다 더 많은 일을 할 수 있다.

금리, 채권가격, 선물가격 등을 입력하면
미국 주식시장을 예측할 수 있는 머신러닝 코드를 생성한다.

And that's it! Here's the full code:

```python
import pandas as pd
import numpy as np
from sklearn.model_selection import train_test_split
from sklearn.linear_model import LinearRegression
from sklearn.metrics import r2_score

data = pd.read_csv("stocks.csv")

X = data.iloc[:, :-1].values
y = data.iloc[:, -1].values

X_train, X_test, y_train, y_test = train_test_split(X, y, test_size=0.2, random_state=0)

regressor = LinearRegression()
regressor.fit(X_train, y_train)

y_pred = regressor.predict(X_test)

r2 = r2_score(y_test, y_pred)
print("R-squared score:", r2)
```

　생성형 인공지능이 코드까지 생성하면서 수많은 프로그래머가 이를 활용해 프로그래밍 속도를 높일 것으로 보인다. 현재 소프트웨어 업계에선 챗GPT에 전적으로 의존하는 대신 일부 업무를 자동화하는 방향으로 챗GPT를 도입하고 있다. 특히 파이썬 라이브러리에 접근해 다른 이들의 코딩 사례를 살펴보거

나, 잘못 짠 코드를 검토하는 이른바 품질관리Quality Control 업무를 맡기는 식이다.[2]

소프트웨어 업계는 생성형 인공지능 도입으로 개발 주기가 짧아지고 솔루션 구현 시간이 단축될 것으로 기대하고 있다. 당장 인간 프로그래머가 할 일을 모두 맡기긴 어렵지만, 반복 작업을 맡겨 앱과 웹의 개발 시간을 단축할 수 있다는 설명이다.

노코드 툴이 규칙 기반 프로그램 작성에 머문 것과 달리, 생성형 인공지능은 머신러닝이나 딥러닝에도 사용이 가능하다. 스마트팩토리 솔루션 개발사인 인더스트리얼ML Industrial ML의 CEO 아르준 찬다르Arjun Chandar 는 "생성형 인공지능 도구를 도입하면 더 광범위하게 머신러닝을 개발할 수 있다"면서 "머신러닝에 대한 이해가 부족한 프로그래머일지라도 이에 대한 접근이 쉬울 수 있다"라고 설명했다.

컴퓨터 업계는 가까운 미래에 작업 중 상당수를 생성형 인공지능한테 위임할 수 있을 것으로 보고 있다. 프로그램 제작은 크게 고객 요구를 분석하고, 정해진 시간·품질·비용에 따라 작업을 할당해 코드를 개발하고, 오류를 점검하며, 이를 문서화하는 과정으로 이뤄진다. 이 가운데 생성형 인공지능은 가까운 미래에 고객 상담과 작업 할당을 제외한 모든 업무를 대신할 것으로 보인다. 다만 지금은 긴 코드 작성이 불가능하고, 실수가 잦아 모든 업무를 맡기기는 어려운 상태다.[3]

대다수의 전문가는 향후 10년 이내에 상당수 프로그래밍을 인공지능이 대신할 것으로 전망하고 있다. 기술 전략 컨설턴트인 롭 자주에타Rob Zazueta는 "아직 복잡한 코드를 작성하는 능력은 없지만 10년 이내에 능숙한 코드 작성가가 될 것으로 보인다"면서 "챗GPT는 기존 대규모 언어 모델의 능력을 이미 가뿐하게 능가했기 때문에 현시점에서 발전 방향을 어렵지 않게 예측할 수 있다"라고 설명했다.[4]

영국의 시장조사기관인 글로벌데이터GlobalData의 샬롯 던랩Charlotte Dunlap 역시 발전 속도가 상상을 초월할 것으로 내다봤다. 던랩은 "이미 깃허브 코파일럿GitHub Copilot의 인공지능을 이용한 코드 주입이라는 자동 명령 완성 방식이 있었는데, 이제는 챗GPT가 이를 대화 형태로 응용했다"면서 "챗GPT의 코딩 능력은 앞으로 2~3년 이내에 더욱 크게 발전할 것으로 보인다"라고 말했다.

생성형 인공지능이 2023년 전 세계를 강타할지 예상하지 못한 것처럼, 앞으로 10년을 예측하기란 어렵다. 그러나 빠른 발전 속도로 인해 향후 소프트웨어를 놓고 인간이 해야 할 업무와 그렇지 않은 업무는 명확히 구분될 것으로 보인다. 인간은 프로그램의 구조를 설계하고 논리를 만드는 고유 업무에 집중하고, 인공지능은 이를 구현할 각 요소를 찾고 작성하는 일을 맡을 가능성이 크다.

새롭게 각광받는 직업 프롬프트 엔지니어

생성형 인공지능 시대를 맞아 소프트웨어 업계에 급부상하는 직종이 있다. 바로 프롬프트 엔지니어Prompt Engineer다. 프롬프트란 시스템이 다음 명령이나 메시지, 또는 다른 사용자의 행동을 받아들일 준비가 되었다는 것을 사람에게 알려주는 메시지다. 챗GPT를 열면 입력창에 커서가 깜빡이는데 이것이 프롬프트다.

인공지능이 발전했지만, 컴퓨터는 여전히 자연어를 숫자로 바꿔 이해하기 때문에 인공지능에 최적화된 입력값을 넣어 원하는 답변을 정확히 받아낼 필요가 있다. 프롬프트 엔지니어는 인공지능을 상대로 최적의 결과를 도출하는 작업을 맡는다.[5] 국내에선 네이버에 '프롬프트 엔지니어 카페'가 존재하고, 해

외에선 관련 기사와 논문 도구 들을 수록한 깃허브가 있을 정도다.

테슬라의 인공지능 담당자에서 오픈AI로 자리를 옮긴 안드레이 카르파티Andrej Karpathy는 2023년 1월 트위터를 통해 "오늘날 가장 인기 있는 새로운 프로그램은 영어"라고 강조했다. 그만큼 프롬프트 엔지니어의 중요성이 날로 커지고 있다는 메시지다.

일부 프롬프트 엔지니어는 자신이 개발한 프롬프트를 프롬프트베이스PromptBase 같은 사이트에서 판매하기도 한다.[6] 프롬프트베이스에 따르면, 2021년 이후 현재까지 2만 5000명이 프롬프트를 판매했다. 예를 들어 이미지 생성 인공지능인 미드저니Midjourney를 통해 정확히 원하는 그림을 생성해내는 프롬프트는 단어 50개로 구성이 돼 있는데 약 1.99달러에 판매된다. 그만큼 수요가 크다는 방증이다. 또한 프롬프트 히어로PromptHero, 프롬피티스트Promptist와 같은 프롬프트 안내 및 교환 사이트도 등장하고 있다.

프롬프트 엔지니어는 아직 정립되지 않은 분야인 데다 생성형 인공지능이 부상한 지 얼마 되지 않았기 때문에 이를 다루는 사람은 매우 적다. 일부 인공지능 스타트업은 거액의 연봉을 제시하며 콘텐츠 최적화를 목표로 프롬프트 엔지니어 모집에 사활을 걸고 있다. 우리나라에서도 챗GPT가 급부상하면서 프롬프트 엔지니어가 주목을 받고 있다.

프롬프트 엔지니어를 구인하며 고액의 연봉을 제시하고 있는 구글 자회사 앤스로픽Anthropic은 업무에 필요한 자질을 다음과 같이 규정하고 있다. "해커 정신을 가지고, 퍼즐 푸는 것을 좋아하며, 커뮤니케이터로 다른 사람을 돕고, 고품질 문서를 작성할 줄 알아야 하며, 대규모 언어 모델에 대해 친숙하고, 파이썬 코드를 다룰 수 있는 사람을 선호한다."

인공지능은 거짓 정보를 그럴 듯하게 만들어내는 환각 현상을 갖고 있다. 프롬프트 엔지니어는 생성형 인공지능을 활용해 빠른 속도로 인공지능과 대화하면서 거짓 없는 제대로 된 결괏값을 얻을 수 있어야 한다. 인공지능 스타트업 스케일AIScale AI의 라일리 굿사이드Riley Goodside 프롬프트 엔지니어는 "프롬프트 엔지니어는 인공지능의 기술적 결함을 판별하고 숨겨진 인공지능의 기능을 발굴하며 원하는 부분을 미세 조정할 수 있어야 한다"라고 설명했다.

그는 환각 현상을 찾아내는 대표적인 방법으로 질문을 복잡하게 던지는 것을 꼽았다. "아티스트인 저스틴 비버Justin Bieber가

태어난 해에 슈퍼볼에서 우승한 미식축구팀은?"이라고 챗GPT에 질문하자 "그린베이 패커스Green Bay Packers"라고 대답했다. 정답은 '댈러스 카우보이스Dallas Cowboys'로 제시한 답은 분명한 오류다. 굿사이드는 "이러한 환각 현상을 잡아내려면 인공지능을 상대로 단계적인 논리 추론을 하도록 지시할 수 있어야 한다"라고 설명했다.

물론 이 새로운 직업에 대한 부정적인 의견도 존재한다. 워싱턴대학교의 셰인 스타이너트트렐켈드Shane Steinert-Threlkeld 교수는 프롬프트 엔지니어링에 대해 "프롬프트 엔지니어링은 과학이 아니다"라고 주장하면서 "곰을 여러 방법으로 찔러 보고 어떻게 그들이 포효하는지 분석하는 것과 무엇이 다른가?" 지적하기도 했다.[7] 그러나 대다수 전문가는 오늘날 모든 것이 자연어로 가능해지면서, 프롬프트를 제대로 활용할 수 있는 사람에 대한 수요가 갈수록 늘어날 것으로 보고 있다.

AI 챗봇: 모두를 상담하다

텔레마케팅 산업은 1960년에 시작되어 여러 차례의 변화를 겪었다. 개별 부서 단위의 전화 응대에서 중앙 집중식의 변화, PC와 인터넷의 도입으로 더욱 확장되었다. 고객 응대 산업은 전 세계적으로 볼 때 매우 큰 산업이다. 시장조사기관인 스태티스타Statista에 따르면, 콜센터 산업 시장은 2020년 3400억 달러에서 2027년 4960억 달러로 성장할 것으로 전망된다.[8]

생성형 인공지능의 부상으로 가장 급변할 산업은 텔레마케팅과 콜센터다. 오늘날 기업에 있어서 콜센터는 절대 없어서는 안 될 부서다. 마케팅을 펼치고 고객을 응대하며 애프터 서비스를 제공하는 분야는 반드시 필요하기 때문이다. 고객 응대 산업에는 이미 챗봇이 침투해 있지만, 생성형 인공지능은 이런 챗봇을 매우 다양한 용도로 재편하고 있다.

2023년 3월, 오픈AI는 기업 수요를 겨냥해 챗GPT 위스퍼 API 서비스를 출시했다. API를 활용해 챗GPT를 자사의 챗봇에 접목할 수 있게 만든 것이다.[9] 가격은 말뭉치에 해당하는 토큰 1,000개당 약 0.002달러로 위스퍼 API는 빠른 속도로 챗봇 시장에 침투하고 있다.

기업들은 챗봇을 단순히 고객 응대를 넘어 다양한 용도로 그 저변을 확대하고 있다. MAU가 7억 5000만 명에 달하는 소셜 미디어 스냅챗Snapchat의 개발사 스냅Snap은 챗GPT 위스퍼 API

를 활용해 '마이AI_{My AI}'를 개발했다. 주요 이용층은 13세~34세로 챗봇을 통해 보다 큰 사용자 경험을 제공하는 것이 목표다.

스냅챗의 유료 구독 서비스 스냅챗 플러스를 사용하면 대화 창 목록 가장 상단에 배치된 마이AI와 대화를 나눌 수 있다. 마이AI는 고민을 상담하고 일정을 안내하며 검색할 수 있다. MZ세대의 사이버 친구인 셈이다. 다만 욕설, 폭력, 성적 콘텐츠 등에 대한 답변은 거부하도록 설정되어 있고 숙제나 에세이 작성 또한 거절하도록 설계됐다. 마이AI를 통해 고객을 스냅챗에 묶어두려는 전략이다.

MAU 1억 명에 달하는 대표적인 전자상거래 플랫폼 쇼피파이_{Shopify} 역시 챗GPT 위스퍼 API를 도입했다. 쇼피파이는 이를 활용해 최종 소비자가 자신에 맞는 상품을 검색할 수 있도록 했으며, 이를 위해 이미 수백만 개에 달하는 제품을 스캔했다. 사용자는 챗봇을 활용해 내가 무엇을 원하는지만 입력하면 관련한 정보들이 챗봇을 통해 줄줄이 등장하는 방식이다.

인스타카트는 미국에서 7만 5000개에 달하는 가맹점을 보유하고 있는데, 고객이 이들 상점에서 보다 빠르게 물건을 찾을 수 있도록 챗GPT를 도입했다. 서비스명은 '애스크 인스타카트_{Ask Instacart}'다. 예를 들어 '타코는 어떻게 만드나요'와 같은

애스크 인스타카트에 원하는 음식을 입력하면 맞춤 식재료를 추천한다.

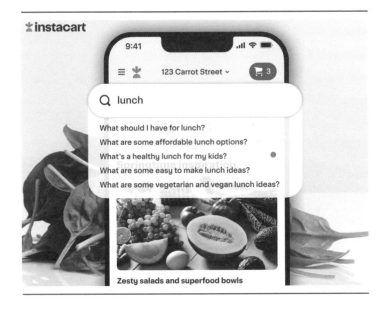

질문을 입력하면, 챗봇은 관련 식재료를 추천하고 구입처를 안내한다. 웹페이지에서 레시피를 검색할 필요 없이 챗봇에 물어보고 레시피를 추천받아 즉석에서 해당 상품을 구입할 수 있게 된 것이다.

고객 응대 산업 가운데 챗봇 산업은 매우 빠르게 성장하는 영역이다. 시장조사기관 프리시던스리서치Precedence Research에 따르면, 전 세계 챗봇 시장 규모는 2022년 8억 4000만 달러에서 2032년 49억 달러로 연평균 19.2퍼센트 성장할 것으로 보인다. 사용자별로는 대기업이 51퍼센트, 용도별로는 마케팅이 56퍼센트, 업종별로는 전자상거래가 21퍼센트로 가장 크다. 앞으로 생성형 인공지능을 활용하는 대기업이 급증할 경우, 기업들은 보다 편리한 서비스를 고객들에게 제공할 수 있을 것으로 보인다.

금융: 수익률 40퍼센트의 AI 투자자

생성형 인공지능으로 또 한 번의 분기점을 맞이할 것으로 보이는 산업은 금융이다. 금융 산업은 일찌감치 컴퓨터를 도입해 빠른 대응을 해왔다. 특히 투자 부분에서 두드러지는데, 계량적 투자는 120여 년의 역사를 가지고 있다. 프랑스의 수학자 루이 바슐리에Louis Bachelier가 1900년 〈투기 이론〉이라는 논문을 발표한 이래, 주가와 금융의 흐름을 수학적으로 예측하려는 시도가 잇따랐다. 이러한 흐름은 1973년 피셔 블랙Fischer Black과 마이런 숄즈Myron Scholes가 알베르트 아인슈타인의 브라운 운동 방정식을 활용해 유럽형 옵션 가격을 산출하는 방정식인 이른바 '블랙-숄즈 방정식'을 고안하면서 탄력을 받았다.

1982년에는 암호 해독가이자 수학자인 제임스 사이먼스 James Simons가 알고리즘을 기반으로 한 헤지펀드사인 르네상스 테크놀로지Renaissance Technologies를 설립해 30년간 연평균 수익률 39퍼센트라는 기염을 토해 시선을 끌었다. 인간의 직감이 아닌 수학적 근거를 토대로 투자하는 이른바 퀀트Quant 투자의 시대를 본격적으로 연 것이다. 2010년대 들어 수많은 금융사가 인공지능을 도입해 재무 데이터를 분석하고 투자 모델을 개발하며 위험을 피하고 있다. 오늘날 미국 주식 거래 중 80퍼센트가 알고리즘 기반인 것으로 추정될 정도다.

주식투자

인공지능을 도입한 주식투자는 나날이 발전하고 있다. 르네상스 테크놀로지가 150만 달러를 투자하고 남아공 수학자인 리처드 크레이브Richard Craib가 2015년 설립한 뉴머라이Numerai는 보다 진보적인 방식을 도입했다. 데이터 사이언티스트를 대상으로 주식 토너먼트를 매달 열고 우수자의 데이터를 주가예측 모델에 접목하는 방식이다. 약 3만 명이 이 대회에 참가했으며, 매매 성적 상위 100명은 뉴머라이가 발행한 가상화폐를 받았다. 《블룸버그》는 "투자 아이디어는 인간의 직관에 의존하지 않는다"라면서 "아마추어 금융 전문가들이 머신러닝을 활용해 주가 데이터를 샅샅이 뒤지고 있다"라고 보도했다.[10]

뉴머라이 헤지펀드인 '뉴머라이 원Numerai One' 펀드는 2019년 9월 출범 이래 49퍼센트에 달하는 수익률을 기록했다. 이 같은 집단지성을 활용한 인공지능 시대는 챗GPT와 같은 생성형 인공지능으로 한 차례 더 도약할 수 있다. 보다 많은 사람이 머신러닝에 접근할 수 있고, 이를 토대로 더 많은 주가예측 모델이 나올 수 있기 때문이다.

인공지능을 활용한 투자가 늘어나면서 인공지능을 활용해 이를 감시하는 '레그테크RegTech'마저 등장하고 있다. 레그테크는 규제Regulation와 기술Technology의 합성어로 금융 서비스의 문제를 해결하기 위한 혁신적 기술을 뜻한다. 일본 금융청은 2017년 이 같은 중기 활동 방침을 발표했다.[11] 수많은 사람이 인공지능을 활용해 매매하면서 주가가 요동치고, 레이어링Layering 방식으로 일반인들이 피해를 보기 때문이다.

레이어링은 알고리즘이 매도 주문을 순식간에 쏟아내 주가를 하락시킨 뒤 저점에서 다시 주식을 매집하는 행위를 가리킨다. 사람이 클릭하기도 전에 알고리즘이 움직여 기존의 규제

방식으로는 이러한 패턴을 찾아내는 것이 불가능하다. 때문에 앞으로는 금융감독기관이 인공지능을 활용해 문제점을 포착하는 날이 머지않아 도래할 것으로 보인다.

인공지능에 가장 적극 대응하고 있는 금융사로는 골드만삭스Goldman Sachs를 꼽을 수 있다. 골드만삭스는 2008년에 처음 인공지능을 연구한 뒤 2017년 일본에서 인공지능 기반 투자 신탁 펀드를 전면 출시해 시선을 끌었다. 'GS 글로벌 빅데이터 투자'로 명명된 이 상품은 시장 평균보다 높은 수익률을 목표로 하며 200개 주식에 고르게 투자한다. 이를 위해 자연어 처리 인공지능이 100만 개 이상의 애널리스트 보고서와 2600만 개 이상의 뉴스를 학습했다.

이 펀드는 출시 전 미국에서 테스트를 거쳤는데, 1년간 연평균 수익률 5.8퍼센트와 3년간 연평균 수익률 28.1퍼센트라는 놀라운 성과를 낸 바 있다.[12] 골드만삭스는 이에 대해 "과거 투자 데이터를 토대로 해당 주식이 얼마나 유망한지 분석하고, 저평가돼 있는 종목을 발굴하며, 재무 데이터를 분석해 미래 수익을 추정할 수 있다"라고 주장한다.

인공지능에 대한 관심은 스타트업 투자로 이어져 2019년 인공지능 모델을 즉석에서 만들 수 있는 H2O.AI에 투자를 단행했다. 제이드 만델Jade Mandel 벤처캐피털 담당 부사장은 인공지능 스타트업에 투자를 한 이유에 대해 "금융 분야에서 인공지능을 채택할 때 핵심적인 이슈는, 인공지능이 어떤 결정을 내리는지 그 이유를 알 수 없다는 데 있다"면서 "인공지능 블랙박스 문제를 이해하기 위해서라도 투자했다"라고 설명했다.

고객 응대 역시 인공지능이 빠른 속도로 침투하는 분야다. 골드만삭스는 주로 자산이 1000만 달러가 넘는 슈퍼리치를 상대로 고객 유치를 진행해왔다. 미국에서는 계좌를 개설하려면 상담사를 거쳐야 하기 때문에, 적은 금액을 보유한 일반인을 상대로 영업한다는 것은 곧 은행의 손실을 의미했다. 골드만삭스는 로보어드바이저robo-advisor를 도입한 뒤 단돈 1달러를 예치한 고객까지 서비스를 확장할 수 있었다.

챗GPT는 이러한 고객 응대 서비스인 로보어드바이저를 한 단계 업그레이드할 것으로 평가받고 있다. 다만 골드만삭스와 같은 대형 금융사는 이에 대해 좀 더 면밀한 검토가 필요하다고 판단했다. 상담 직원이 챗GPT를 활용해 고객을 상대로 조언해줄 수 있지만, 부정확한 정보를 줄 수 있기 때문에 해당 이슈를 검토하기 전까지 사용을 금지한 상태다.[13]

보험 산업

보험 산업에서는 데이터를 수집하고 보험사기를 예방하며 맞춤형 보장 상품을 내놓는 데 인공지능을 적극 도입하고 있다. 자동차 보험의 경우 운전자의 실시간 위치 정보를 활용해 실제 운전 패턴을 파악한 뒤 최적의 보험 상품을 제공한다. 그동안 수많은 보험사가 데이터 부족으로 연령·성별·직업·사고 발생 등 간접적인 지표로 보험을 설계했다. 하지만 인공지능은 운전자의 실제 운전 습관을 기반으로 정확한 보험 설계가 가능하도록 했다.

인공지능 기반의 보험사도 인기를 끌고 있다. MZ 세대들이 애용하는 보험사 레모네이드Lemonade는[14] 2015년 설립된 스타트업으로 인공지능을 활용해 데이터를 분석한다. '마야Maya'와 '짐Jim'이라는 인공지능 상담원을 두고 있다. 마야는 정보를 통해 보험 상품의 가입과 추천을, 짐은 고객이 청구한 보험을 심사 평가하고 지급 처리하는 챗봇이다.

레모네이드에서 보험 가입까지 걸리는 시간은 딱 90초다. 청구 역시 마찬가지다. 인공지능과 채팅창을 통해 사고 내역을 이미지나 동영상 등으로 올리면 인공지능이 3분 내에 청구된 내역을 판별한다. 이 과정에서 18개에 달하는 사기 방지 알고리즘이 구동된다. 보험금 지급이 오래 걸린다는 고정 관념을 깨기 충분한 것이다.

인공지능은 수많은 인력을 대체하고 있다. 레모네이드의 직원 한 명은 고객 2,000명을 상대한다. 하지만 일반 보험사에서는 직원 한 명이 고객 300명을 상대해 인공지능 보험사가 효율이 더 높다는 평가를 받고 있다. 레모네이드는 인공지능을 통해 고객을 만족시키고, 빠른 속도로 고객을 확장하며, 다시 고객 데이터를 확보한 뒤 인공지능을 고도화하는 비즈니스를 구현하는 중이다.

신용카드 분야

머신러닝은 카드 업계에도 깊이 침투하고 있다. 대표적인 회사가 핀테크 스타트업 토모크레딧TomoCredit이다. 미국에서 신용카드 발급은 매우 까다로운 과정이다. 우리나라와 달리 신용이 없으면 카드 발급이 거부되고 설령 만든다고 하더라도 사용할 수 있는 한도가 매우 낮다. 급여가 높은 직업을 구하더라도 한동안 신용을 쌓아야 한다. 신용평가사가 은행의 거래 내역을 파악해 카드를 발급하기 때문이다.

토모크레딧은 MZ 세대와 이민자 들을 위해 맞춤형 신용카드를 발급한다. 신용평가사인 FICO 점수에 의존하지 않는 대신 고객들이 보내온 데이터를 인공지능이 분석한다. 설령 신용 점수가 없더라도 '나에게 맞는 한도'를 설정해 신용카드를 발급받을 수 있다. 토모크레딧 공동창업자겸 CEO 크리스티 김 Kristy Kim은 필자와의 인터뷰에서 "미국에서는 신용이 없으면 월 신용카드 한도가 약 500달러 선에 불과하다"면서 "토모는 인공지능을 활용하기 때문에 이보다 훨씬 높은 카드 한도를 제공받을 수 있다"라고 말했다.[15] 이러한 고객 만족에 토모크레딧의 MAU는 300만 명에 달한다.

오늘날 인공지능은 금융 산업 전반을 혁신하고 있는 강한 무기다. 개인 금융 서비스, 신용 평가 및 대출, 시장 동향 분석 및 예측, 로보틱 프로세스 자동화RPA, 금융 규제 및 이상 거래 탐지 등에 사용이 가능하다. 딜로이트컨설팅의 김석태 이사는 "인공지능 활용이 확대되면서 금융업의 경쟁 구도가 재편될 것으로 보인다"면서 "앞으로 직원과 인공지능의 협업 역량이 새로운 경쟁력이 될 것 같다"고 설명했다.[16]

신약 개발: 물질 발견 효율 250배 높아지다

헬스케어와 신약 개발 분야 역시 생성형 인공지능의 물결을 피할 수 없을 것으로 보인다. 머신러닝 코드를 자유롭게 생성하는 생성형 인공지능 등장으로 인공지능을 활용하는 제약회사가 더 많아질 것으로 보이기 때문이다. 현재 대형 제약회사와 헬스케어 회사를 중심으로 속속 도입하는 추세다.

제약 부문

인공지능을 사업에 활용하고 있는 대표적인 기업은 존슨앤드존슨Johnson & Johnson이다. 존슨앤드존슨은 2019년부터 전 영역에 걸쳐 지능형 자동화IA, Intelligent Automation를 도입했다. 특히 머신러닝을 활용해 복잡한 작업을 자동화하고 있다. 비즈니스 프로세스 개선에서 직원과 고객을 지원하는 챗봇, 공급망 모니터링에 이르기까지 인공지능이 투입되었다. 이 가운데 핵심은 인공지능을 활용한 신약 개발이다.[17]

신약 개발은 매우 오랜 과정을 거친다. 우선 치료할 질병과 치료 방법에 대한 인과관계를 따지는 타깃 검증이 첫 번째다. 이후 치료 방법의 근간인 후보 물질을 찾는 과정이 필요하다.

이를 스크리닝Screening이라고 한다. 수십만에서 수백만 개에 달하는 화합물을 찾는 과정을 거쳐 물질 대상을 최적화한다. 이 이후 전임상 개발, 임상 1상, 임상 2상, 임상 3상, 임상 4상 등의 과정이 이어진다.

연구원이 가장 힘들어하는 것은 방대한 데이터 속에서 치료에 효과가 클 것 같은 화합물을 발견하는 과정이다. 존슨앤드존슨은 "일반적으로 신약물질을 발견하려면 다양한 물질을 특정 질병에 노출해 촬영하고 그 반응을 일일이 기록해야 한다"라면서 "하지만 이제는 인공지능을 활용해 50만 개에 달하는 데이터에서 그 결과물을 찾아낼 수 있다"라고 설명했다. 존슨앤드존슨은 인공지능을 도입해 물질 발견 과정에서 효율을 250배 높였다. 화이자Pfizer, 로슈Roche, 노바티스Novartis, 바이엘Bayer 등 대형 제약사를 중심으로 인공지능 도입 속도는 빨라지고 있다.

인공지능을 통해 신약을 개발할 경우 10년 가까이 소요되는 개발 기간을 5년 이내로 단축할 수 있다. 또 신약 개발 비용 역시 1조 원대에서 절반 수준으로 절감이 가능하다. 머신러닝에 능숙한 신약물질 스타트업들이 주목받는 이유다. 나스닥 상장사인 리커션Recursion은 인공지능을 활용해 신약을 개발해 파이프라인(잠재 상품) 네 개가 이미 임상 1상을 통과했다. 또 영국 엑센시아Exscientia 역시 인공지능으로 개발한 신약 세 가지를 보유하고 임상 절차를 밟고 있다.

2020년 MIT 연구원들은 딥러닝을 활용해 새로운 항생제를 찾는 데 성공해 주목을 받았다. 바로 변종 박테리아를 포함한 광범위한 박테리아에 대응하는 새로운 항생물질 '할리신Halicin'이다. 전 세계적으로 항생제 내성으로 사망하는 이들은 23만 명에 달하는데 이에 대한 돌파구가 마련된 것이다. MIT의 제임스 콜린스James Collins 생명공학부 교수는 "인공지능의 힘을 이용해 항생제 약물 발견의 새로운 시대를 열어줄 수 있는 플랫폼을 개발하고 싶었다"라고 말했다.

신약 개발사는 아니지만 인공지능 플랫폼을 제공하는 스타트업도 잇따라 등장하고 있다. 실리콘밸리에 있는 아톰와이즈Atomwise는 아톰넷Atomnet이라는 신약 후보 물질 스크리닝 시스템을 개발해 대형 제약사들과 협업하고 있다. 머신러닝을 생물학·생화학에 접목한 스타트업 인시트로Insitro는 최근 머신러닝을 활용해 지방간 질환을 연구했고 유전적 동인에 해당하는 간 조직 내 패턴을 식별하는 데 성공했다. 사람이 육안으로 할 수 없는 일을 인공지능이 해낸 것이다.

의료 분야에 인공지능 침투가 빨라지면서, 의학 분야에서도 인공지능 영역이 등장하는 추세다. 다양한 모델을 적용해 인공지능이 화합물 구조를 이해하고 이를 토대로 새로운 구조를 예측·설계하는 영역인 생성형 화학generative chemistry 분야와 인공지능이 생성형 화학으로 설계한 구조를 실험실에서 합성할 수 있는지를 판별하는 역합성 경로retrosynthesis pathway 방식 등이 대표적이다.

헬스케어 산업

진료와 상담 영역에서는 빅테크 기업을 중심으로 인공지능을 앞세우고 있다. IBM은 2015년 인공지능 왓슨을 활용해 왓슨 헬스Watson Health라는 서비스를 선보였다. 특히 왓슨 헬스의 클라우드 플랫폼은 머신러닝을 활용해 환자에 대한 치료 정보를 제공하고 그 결과를 패턴 인식으로 분석해 알려준다. 이를 토대로 암 환자 개개인에게 맞는 치료법을 제시한다. 또 심부전 예측 도구, 패혈증 식별을 위한 인공지능 기반 시스템, 안과 질환 진단을 위한 인공지능 기반 시스템과 같은 새로운 도구들을 만들어 제공하고 있으며, 암 치료 방법을 의료진이 선택할 수 있도록 왓슨 포 온콜로지Watson For Oncology를 개발한 상태다.[18]

그러나 왓슨 헬스는 전 세계적으로 보급되면서 논란에 휘말리기도 했다. 학습 데이터 부족으로 국가별 암 종별 진단 정확도가 60퍼센트 이상의 차이를 보인 것이 논란의 원인이었다. IBM은 브랜드 타격을 염려해 2022년 해당 사업부를 미국계 사모펀드사 프란시스코파트너스Francisco Partners에 약 10억 달러에 매각했다.

구글은 인공지능 계열사인 딥마인드를 통해 딥마인드 헬스DeepMind Health를 선보이고 있다.[19] IBM과 같은 실수를 염려해 본사가 있는 영국 내 서비스를 집중하고 있다. 현재 딥마인드 헬스는 보안 플랫폼을 통한 환자 데이터 관리, 의료진을 상대로 한 치료 권장 사항 제시, 엑스선 촬영 및 MRI와 같은 의료 이미지에 대한 패턴 분석, 실시간 환자 모니터링 등을 제공하고 있다. 신장 질환 감지를 위해 영국의 보건기관인 NHS와 손잡고 인공지능 시스템을 구축하기도 했다.

인공지능 스타트업 역시 헬스케어 분야에 지속적으로 진출 중이다. 영국의 바빌론헬스Babylon Health는 2013년 설립 이래 환자가 스마트폰이나 PC를 활용해 원격으로 의사와 상담받을 수 있도록 지원하고 있다. 이 과정에서 인공지능 플랫폼을 지원, 환자의 건강 상태를 평가하고 의료 조언을 제공하며 의사와 약속을 잡을 수 있도록 돕는다. 지브라 메디컬 비전Zebra Medical Vision은 인공지능을 활용해 의료진이 이미지를 분석할 수 있도록 지원하는 스타트업이다. 머신러닝을 활용해 골절, 유방암, 골다공증을 포함한 다양한 상태를 식별할 수 있고 환자의 중증도를 판별해 의료진에 치료 우선순위를 알려주기도 한다.

생성형 인공지능은 머신러닝 코드와 자연어를 작성해 향후 헬스케어 상담 분야나 신약물질 개발 분야에서 두각을 나타낼 것으로 보인다. 의료 차트를 분석해주는 스타트업인 앱스트랙티브 헬스Abstractive Health는 웹페이지를 통해 "의사가 작성한 치료 메모를 챗GPT를 활용해 환자가 더 쉽게 이해할 수 있도록 변경할 수 있다"라고 사례를 소개했다.[20]

의료 인공지능 시장은 매년 성장하는 추세다. 시장조사기관인 그랜드뷰리서치Grand View Research에 따르면, 의료 분야 인공지능 시장 규모는 2022년 154억 달러에서 2030년까지 매년 37.5퍼센트로 성장할 전망이다. 다만 과제가 남아 있다. 의료 분야는 한 치의 사고도 용납하지 않기 때문에 챗GPT와 같은 인공지능 역시 오류를 용납하기 어렵다. 특히 미국은 건강보험 양도 및 책임에 관한 법률인 HIPAAHealth Insurance Portability and

Accountability Act에 따라 의료진이 인종·성별·연령에 대한 차별적 진단을 금지하고 있다. 이에 대해 미국 변호사인 댄 레보비치 Dan Lebovic는 "챗GPT를 통해 의료 관련 조언 내용 22건을 테스트해 본 결과 일부 결과에 대해선 놀라울 만큼 깊은 인상을 받았다"면서도 "하지만 일부에는 오류가 있어 개선이 필요하다"라고 설명했다. 그만큼 인공지능 편향 이슈는 의료 상담 영역에서 인공지능이 확산되는 데 걸림돌이 될 수 있다.[21]

스포츠: AI심판·AI스카우터·AI도박사가 뜬다

스포츠 영역에서 인공지능은 크게 인공지능 심판, 맞춤형 트레이닝, 선수 모집인 스카우트, 경기 결과 예측, 발권 등에 잇따라 도입되고 있다. 미국에서 스포츠와 관련해 가장 큰 인공지능 시장은 결과 예측 영역이다. 워싱턴DC와 32개 주에서 스포츠 베팅이 합법화되면서 미국 내 스포츠 베팅은 폭발적으로 성장하고 있다.

미국인들은 2023년 2월 열린 미식축구 리그 NFL의 결승전인 슈퍼볼에 총 160억 달러 규모의 내기를 건 것으로 집계됐다. 한화로 20조 원이 넘는 금액이다. 국내 골프 시장 규모가 연간 10조 원이 안 되는 것을 고려할 때, 단 하루 경기에 두 배 이상의 자금이 몰리는 것이다. 스포츠 베팅 시장은 성장세에 있다. 그랜드뷰리서치에 따르면, 전 세계 스포츠 베팅 시장 규모는 2022년 836억 달러로 2030년까지 매년 10.3퍼센트씩 성장할 전망이다.[22]

스포츠 베팅 시장이 성장하면서 인공지능을 앞세워 경기를 예측하려는 시도들이 잇따르고 있다. 인피니티스포츠AIInfinity Sports. AI는 2021년 미국 프로 농구인 NBA 경기를 예측하는 인공지능 모델을 출시했다. 패스 횟수, 팀 구성, 득점, 어시스트 수 등 방대한 데이터를 학습해 승패를 분석한다. 사용자는 해당 서비스를 이용해 경기 결과를 예측하고, 스포츠 베팅에 참여할 수 있다.

챗GPT가 머신러닝 코드를 생성하면서 이런 시도들은 더욱 확산되고 있다. 인공지능 전문가이자 유튜버인 시라즈 라발Siraj Raval은 챗GPT를 활용해 머신러닝 코드를 생성하고 별도 프로그램 작성 없이 NBA 경기 결과를 예측하는 시연을 자신의 유튜브 채널에서 선보여 화제가 됐다.

스포츠 영역에서 인공지능은 선수의 기량을 평가하고 맞춤

코칭을 하는 데도 투입되고 있다. 슬로베니아의 류블라나대학교 연구진은 핸드볼 경기에서 선수를 추적하는 인공지능을 구축하는 데 성공했다. 이를 토대로 선수들이 얼마나 활발히 움직이는지를 평가해 코치진에 정보를 제공한다.

선수 추적 기술은 선수들의 잠재력을 평가하는 데도 사용된다. 캐나다 몬트리올에 본사를 둔 스타트업 스포트로직Sportlogiq은 컴퓨터 기반 선수 평가 서비스를 제공하고 있다. 북미아이스하키리그NHL의 수비수 숀 더치Sean Durzi는 수술이 필요한 발목 부상에 어떠한 스카우터도 눈여겨보지 않은 사례다. 하지만 스포트로직이 그를 드래프트 상위 40위권으로 평가했고, 토론토 메이플 리프스Toronto Maple Leafs가 전격 영입했다. 2020~2021 시즌에서 그는 39경기 동안 20득점에 16어시스트를 기록하는 등 맹활약을 펼쳐 인공지능 눈썰미의 우수성을 확인시켜줬다.

이러한 소식이 알려지면서 NHL의 24개 팀이 스포트로직의 인공지능을 도입한 상태다. 스포츠 분야의 머신러닝은 서류를 입력하면 통계를 생성하는 단계까지 이르렀다.[23] 미국 텍사스에 본사를 둔 스타트업 스파크코그니션SparkCognition은 대학 운동선수들이 프로 입단을 위해 제출하는 지원서를 매우 빠른 속도로 평가할 수 있는 인공지능 시스템을 구축했다. 서류를 스캔하면 선수들의 기량을 통계로 뽑아내 비교할 수 있다.

챗GPT와 같은 생성형 인공지능의 부상으로 아직 인공지능이 도입되지 않은 스포츠 영역까지 인공지능의 영향이 미칠 것으로 보인다.

자율주행: 테슬라는 이미 GPT를 탑재했다

전 세계에서 가장 많은 전기차를 팔고 있는 테슬라는 GPT를 기반으로 자율주행 기능인 오토파일럿의 성능 업그레이드를 시도하고 있다.[24] 테슬라 차량에는 수많은 반도체가 탑재되는데 그 핵심은 트립TRIP 칩이다. 트립 칩은 자율주행에 필요한 복잡한 계산을 빠르고 효율적으로 처리한다. 트립 칩을 사용하면 서버에 있는 GPU와 연동이 필요 없다. GPU와 소통하는 시간을 줄여 인공지능 처리 속도를 높일 수 있기 때문이다. 테슬라 오토파일럿은 트립 칩을 토대로 통신하면서 오류를 실시간으로 감지하고 차량 이상을 파악한다. 인공지능이 다양한 운전 변수를 학습했기 때문에 가능하다.[25]

문제는 효율이다. 이러한 학습 과정에는 소프트웨어 조정 방향을 사람이 알려주는 이른바 '휴리스틱heuristic 프로세스'가 사용된다. 하지만 인간의 개입은 효과적이지 않아 GPT는 그 대안으로 꼽힌다. GPT는 자연어를 생성하지만, 이미지나 동영상 픽셀 위치에 대한 공간 정보를 제공한다. 이를 자율주행에 접목하면 휴리스틱을 크게 개선할 수 있다. 테크 유튜브 채널인 '닥터노우잇올Dr.Know It All'을 운영하는 존 깁스John Gibbs 조지아대학교 교수는 머스크와 대화 직후 "테슬라가 트립 칩에 GPT를 사용하려고 한 것은 매우 인상적"이라면서 "이것이 만약 성공적으로 구현이 된다면 자율주행 문제가 더 빨리 해결될 수 있다"라고 설명했다.

GPT의 중요성을 파악한 머스크는 2023년 3월 현재 GPT에 필적할 인공지능을 만들고자 별도 연구소를 설립하는 방안을 추진하고 있다. 머스크 CEO는 알파벳Alphabet의 AI 계열사인 딥마인드 출신을 두루 접촉하고 있는 것으로 알려졌다.

생성형 인공지능 알고리즘을 자율주행에 접목하려는 시도는 세계 곳곳에서 발견된다. 중국의 자율주행 스타트업 하오모Haomo는 드라이브GPT를 공개해 시선을 끌었다.[26] 하오모는 중국 자동차기업 만리장성자동차GWM에서 2019년 분사한 스타트업으로 GPT-2와 유사한 파라미터를 갖춘 인공지능을 개발했다. GPT에 있는 트랜스포머 기능을 활용해 강화학습을 시켰고, 이를 토대로 유턴이나 로터리 진입 등 고난도 퍼포먼스를 비교적 수월하게 수행한다. 종전 알고리즘 대비 성공률이 30퍼센트 높아졌다는 것이 하오모의 설명이다.

안전을 중시하는 자동차 업계는 새로운 기술에 적극적이지는 않지만 사용 사례가 조금씩 늘어나고 있다. 미래의 자율주행은 GPT와 같은 생성형 인공지능을 활용해 성능이 보다 더 우수해질 것이다. 생성형 인공지능이 개선할 영역은 더 나은 의사결정, 차량과의 상호작용, 통신 개선, 자연어 탐색, 유지 보수 모니터링 등이다.

예를 들어 테슬라나 하오모처럼 GPT 모델을 자율주행 차량의 의사결정 기능을 개선하는 데 사용할 수 있다. 생성형 인공지능을 통해 다양한 변수를 만들고 그 결과를 자율주행 모델에 학습시킨 뒤 이를 업그레이드하는 것이다. 또 운전자가 자율주행 차량에 음성으로 질문하면 차량이 이를 인지해 적절하게 대응하는 데 쓰일 수 있으며, 유지 관리가 필요한 부품을 정비할 시점을 알려주는 데 활용이 가능하다.

제조: 생산을 최적화하는 생각하는 공장

인공지능은 제조 부문에 크게 두 가지 흐름으로 도입되고 있다. 딥러닝을 활용해 물리적으로 공장의 효율성을 높여주는 스마트팩토리Smart Factory 분야와, 공장 자체를 가상세계에 구현하는 디지털 트윈Digital Twin이 그것이다. 스마트팩토리는 오늘날 '인더스트리 4.0'으로 불린다.

인더스트리 4.0은 제조 강국인 독일이 2011년 선언한 스마트 산업 정책으로 공장에 IT를 접목해 지능형 생산시스템을 갖추는 사조다. 이러한 움직임은 인공지능이 불러올 효율성을 기반으로 한다. 맥킨지Mckinsey에 따르면, 공급망 관리에 인공지능을 도입할 경우 물류비용을 15퍼센트 절감하고 서비스 수준을 65퍼센트 향상시킬 수 있다.

지멘스Siemens, 인텔Intel, GE와 같은 글로벌 기업은 오늘날 인공지능을 앞세워 인더스트리 4.0 영역에 파고들고 있다. 지멘스는 인공지능을 활용해 공장의 생산 프로세스를 최적화하는 짐센터Simcenter라는 솔루션을 개발했고, 인텔은 스마트 제조 이니셔티브를 선언한 뒤 인공지능과 센서를 결합해 생산을 최적화하는 소프트웨어를 만들었다. GE는 '생각하는 공장Brilliant

Factory'이라는 기치 아래 현재 인공지능을 토대로 생산 품질을 높이는 전략을 구사한다.

스타트업 역시 인더스트리 4.0 분야에 속속 진입하고 있다. 실리콘밸리에서 만난 마키나락스MakinaRocks의 이재혁 공동 CEO가 그렇다.[27] 마키나락스는 기업용 머신러닝옵스MLOps를 개발하는 스타트업이다. 제조 분야를 위한 머신러닝 개발에는 막대한 시간과 노하우가 필요하다. 온라인과 달리 각기 처한 환경이 모두 다르기 때문이다. 이 CEO는 "미국 인공지능 기업인 알고리드미아Algorithmia의 설문조사에 따르면 55퍼센트의 기업이 인공지능 머신러닝 모델을 생산환경에 구축해본 적이 없고, 약 40퍼센트는 하나의 모델을 만들어 배포하는 데 30일 이상이 소요되는 것으로 나타났다"라고 말했다. 제조시설용 머신러닝을 보다 손쉽게 만드는 솔루션인 머신러닝옵스는 그 대안이 될 수 있다.

실물 분야에서는 패턴 분석을 통한 효율성 증대의 물결이 일고 있다면, 또 다른 한편에선 실물 공장을 가상 공장으로 옮기는 이른바 '디지털 트윈'이 한창이다. 대표적인 곳이 현대자동차다. 현대자동차는 유니티의 기술을 접목해 싱가포르 주롱 혁신단지에 부지 4만 4000제곱미터, 연면적 9만 제곱미터, 지상

7층 규모로 건립되는 스마트팩토리 HMGICS를 가상공간인 메타버스 플랫폼에 그대로 구현한 메타팩토리를 구축하고 있다.[28] 메타팩토리는 단순히 실물의 모양만 본뜬 것이 아니다. 공장의 작동원리를 구현했고 이를 기반으로 실시간 차량 생산 현장을 모니터링할 수 있다. 소비자가 자신이 주문한 차량이 현재 어떤 생산 단계에 접어들었는지 살펴볼 수 있는 것이다.

필자가 만난 유니티의 CEO 존 리치티엘로John Riccitiello는 "메타버스는 실시간으로 작동되는 차세대 인터넷"이라며 "디지털 트윈으로 공항을 가상현실에 제작하고 가상공간상에서 버튼을 누르는 것만으로 실제 공항 트래픽을 조종할 수 있다"라고 설명했다. 샌프란시스코에 있는 유니티의 사옥은 가상공간에서 먼저 설계한 뒤 이를 실물로 옮겼다. 물리적인 제조 시설을 구축하기 전에 디지털 트윈을 통해 사전에 문제점을 파악하고 현실에서 보다 더 진일보한 시설을 구축하는 시대가 성큼 다가오고 있는 것이다.

코파일럿이 바꿀 미래

"프롬프트 프로그래밍은 소프트웨어 3.0이 될 것이다.
1.0은 직접 손으로 코드를 짜는 것이고, 2.0은 인공신경망이다.
메타 학습을 활용해 컴퓨터가 직접 작업을 수행하도록 하는 것은 ······
질적으로 매우 다른 방법이다."

앤스로픽 공동창업자 크리스토퍼 올라

생성형 인공지능이 자유자재로 문장을 생성하면서 산업의 전체 판도가 흔들리고 있다. 오픈AI 출신으로 또 다른 생성형 인공지능 스타트업인 앤스로픽(구글이 2023년 2월 4억 달러를 투자했다.)을 공동창업한 크리스토퍼 올라Christopher Olah는 트위터에서 이 같은 힘을 "소프트웨어 3.0"이라고 불렀다. 챗GPT의 근간이 되는 초거대 인공지능 GPT에 메타 학습Meta Learning을 접목하는 방법을 연구했고, 이를 기반으로 프롬프트 프로그래밍을 했다는 설명이다.

'메타 학습'이란 인공지능이 경험을 통해 스스로 학습 프로세스를 개선하는 학습법이다. GPT-3.5는 소량의 데이터로 기계가 학습하는 퓨샷러닝으로 다양한 상황에서 대응이 가능했다. 또 프롬프트 프로그래밍을 통해 사용자의 의도를 정확히 파악할 수 있도록 했다. 시, 소설, 에세이, 논문 등 다양한 문장을 작성하는 것은 바로 프롬프트 프로그래밍의 힘이다.

영화 〈매트릭스〉에서 키아누 리브스가 맡은 주인공은 해커로 활동하다 세상이 로봇에 통제되고 있다는 것을 깨닫고 변신을 결심한다. 그는 가상현실에서 네오로서 훈련받는다. 쿵푸, 태권도, 사격 등 못하는 것이 없다. 마음만 먹으면 원하는 '모드'로 변신해 가상세계에서 활동할 수 있다. 프롬프트 프로그래밍은 이와 유사하다. 입력창에 질문이 들어오는 순간, 이를 즉석에서 이해한다. 입력창에 문장인 시퀀스가 들어오면 인공지능이 출력 유형을 예상하는 것이다.

현재 챗GPT가 구사할 수 있는 모드는 크게 여섯 가지다.

- **텍스트 생성** 주어진 입력을 기반으로 텍스트를 완성한다.
- **Q&A** 질문이라고 인식되는 문장에 대해 상담사처럼 답변한다.
- **번역** 요청에 따라 한 언어에서 다른 언어로 번역이 가능하다.
- **요약** 긴 텍스트를 짧은 텍스트로 요약한다.
- **챗봇** 챗봇으로 활용이 가능하다.
- **창의적 글쓰기 프롬프트** 시, 소설, 제품 설명, 리뷰, 블로그 스타일, 뉴스 기사 스타일 등 다양한 형태로 글을 구성해낸다.

교육: 국경, 성별, 연령이 파괴된다

프롬프트 프로그래밍은 산업계에 큰 영향을 미칠 전망이다. 그중 교육 분야만큼 챗GPT의 등장에 촉각을 곤두세운 영역은 없다. 방대한 데이터를 학습한 챗GPT가 온갖 시험을 통과하면서 교육 업계를 흔들고 있기 때문이다.

미국 펜실베이니아대학교 와튼스쿨의 맥 혁신경영연구소는 챗GPT를 상대로 와튼스쿨 MBA(경영전문대학원)의 필수 교과목인 '생산관리Operations Management' 시험을 치르게 했다. 그 결과 B⁻에서 B 학점을 받았다.[1] 와튼스쿨은《비즈니스위크》기준 MBA 랭킹 1위인 대학으로 업계가 들썩일 수밖에 없었다. 이뿐 아니다. 챗GPT는 미국 의사면허시험USMLE도 통과했다. 기초 과학, 임상, 의료 관리, 의사 윤리 등 네 과목의 시험을 치렀고, 1~3단계 시험 주관식에서 각각 정답률 68퍼센트, 58퍼센트, 62퍼센트를 달성했다.

특히 GPT-4의 등장으로 능력은 더욱 향상됐다. 시카고 켄트대학교 로스쿨의 다니엘 카츠Daniel Katz 교수와 미시간주립대학교 로스쿨의 마이클 봄마리토Michael Bommarito 교수 연구팀은 GPT-3.5 기반 챗GPT를 활용해 미국 변호사시험 출제기관인

NCBE National Conference of Bar Examiner가 출제한 객관식 시험에 응시해 하위 10퍼센트의 성적을 거뒀다. 그 뒤 스탠퍼드대학교 법률정보센터와 협력해 GPT-4 기반의 유료 챗GPT로 다시 도전에 나선 결과 상위 10퍼센트의 성적을 기록했다. GPT-4는 약 76퍼센트의 정답률을 기록했는데, 이는 학생 평균인 정답률 68퍼센트에 비해 월등히 높은 수준이었다.

국내 시험에서도 위력을 발휘했다. 연세대학교 인공지능융합대학 김시호 연구팀이 챗GPT를 검증한 결과 대학수학능력시험 영어 영역에서 합산 82점을 받았다. 수학에서는 부진했지만 자연어 처리에서는 전반적으로 그 우수성이 입증된 것이다.

상황이 이렇게 되자, 학교 내 챗GPT를 금지하는 곳이 잇따랐다.[2] 챗GPT를 활용해 리포트와 에세이를 제출하는 학생이 늘었기 때문이다. LA 교육통합구 LAUSD는 수행 평가가 있는 기간 동안 일시적으로 챗GPT에 접속하는 것을 금지시켰으며, 뉴욕시는 공립학교 교내 컴퓨터에서 챗GPT에 접속하는 것을 차단했다.

우려하는 여론이 높아지자 프린스턴대학교의 재학생 에드워드 티안 Edward Tian은 인공지능을 감지할 수 있는 GPT제로 GPTZero를 개발해 시선을 끌었고, 오픈AI 역시 스스로 인공지능이 작성한 문장인지 아닌지를 판별할 수 있는 웹사이트를 공개했다.

생성형 인공지능에 대한 물결은 거스를 수 없기 때문에 이를 적극 수용하자는 여론도 높아지고 있다.[3] 예일대학교 푸어부센터Poorvu Center for Teaching and Learning에서 글쓰기를 가르치는 알프레드 가이Alfred Guy는 챗GPT가 영어를 모국어로 사용하지 않는 학생들에게 큰 도움이 된다고 말한다. 그는 "인공지능을 통해 쉽게 글을 쓰는 것은 언어 사용에 있어서 학생 간 기회의 균등을 줄 수 있다"면서 "언어의 차이를 평준화시키고 창의성이 더 중요해질 수 있다"라고 말했다.[4]

생성형 인공지능의 가능성을 본 곳은 에드테크EdTech 업계다. 전 세계 6000만 명에 달하는 학생이 사용하는 온라인 학습 도구 퀴즈렛Quizlet은 챗GPT를 접목한 새로운 교육용 인공지능 챗봇 큐챗Q-Chat을 개발했다. 퀴즈렛은 2017년부터 인공지능을 도입해 학습을 위한 예문을 생성했고 2020년에는 스마트채점 기능을 도입한 기업이다.

큐챗은 적응형 질문을 기반으로 학생들이 궁금한 것을 물으면 인공지능이 수준을 가늠하고 이를 토대로 학생 수준에 맞는 예시를 던진다. 렉스 바이어Lex Bayer 퀴즈렛 CEO는 "큐챗은 교육 콘텐츠에 대한 학생들의 기본 지식 수준을 제대로 테스트할

수 있게 해준다"면서 "특히 심층적인 질문을 생성해 독해력을 높일 수 있다"고 설명했다.[5]

스픽Speak은 인공지능 기반 스피킹 튜터를 운영하고 있는 우리나라의 영어 교육 스타트업이다. 피자 배달에서 호텔 체크인, 햄버거 주문까지 다양한 실전 상황을 AI 튜터와 함께 대화를 주고받으며 영어를 배울 수 있다. 스픽 역시 이번에 챗GPT를 도입해 문답 기능을 강화했다.

에드테크 기업의 서비스는 그동안 실제 교사에 미치지는 못한다는 평가가 많았다. 하지만 문장을 자유자재로 만드는 생성형 인공지능이 발전할 경우 수십 명의 교사보다 인공지능이 더 큰 역할을 할 것이라는 게 업계의 견해다.

사교육 업계뿐 아니라 유럽권의 대입 과정에서도 큰 변화가 예상된다. 국제 학교의 표준인 국제바칼로레아IB, International Baccalaureate는 챗GPT가 생성한 자료를 시험에 인용하도록 허용한다고 밝혔다. IB 평가 원칙 및 실무 책임자인 맷 글랜빌Matt Glanville은 "오히려 챗GPT가 특별한 기회를 제공하고 있다"면서 "챗봇 역시 또 다른 책처럼 취급돼야 하는 시점이 온 것 같다"고 설명했다.[6] 인공지능의 물결을 막을 수 없으니, 학생들이 에세이를 규격에 맞춰 잘 쓰는 것보다 창의성을 중심으로 평가

시스템을 개선해 나가겠다는 것이다.

이러한 물결에 교육산업에서 인공지능 부문은 매년 성장세다. 그랜드뷰리서치에 따르면, 글로벌 교육 분야의 인공지능 시장은 2021년 18억 2000만 달러에서 2030년까지 매년 36퍼센트씩 성장할 것으로 보인다. 특히 코로나 이후 영미권의 수많은 학교를 중심으로 머신러닝을 기반으로 한 원격 수업을 도입했던 영향이 컸다는 평가다.

일부에서는 인공지능에 대한 기대감이 크다. 스페인 에사데 비즈니스스쿨의 에스테베 알미랄Esteve Almirall 교수는 "이러한 인공지능 교육은 교육기관에 개별 학습의 바람을 일으키고, 능력 있는 교육기관이 국경을 넘어 확장할 수 있는 엄청난 가능성을 제공할 것"이라면서 "일방적인 수업이 아닌 학생들을 참여시킬 역량도 함께 제공할 것"이라고 말했다.[7]

이런 흐름으로 인해 성별과 연령 평등에도 큰 기여할 것으로 전망하고 있다. STEM(과학Science, 테크Technology, 엔지니어링Engineering, 수학Mathematics)은 그동안 젊은 남성들이 주류를 이뤘는데, 인공지능 기반 개별 학습이 여성과 나이 든 사람에게까지 그 문호를 확장시킬 수 있다는 것이다.

남은 문제는 교육 결과의 평가 방법이다. 인공지능이 손쉽게 리포트와 에세이를 작성할 수 있기 때문이다. 하지만 계산기와 컴퓨터가 발명됐다고 수학적 추론 능력이 후퇴한 것은 아니다. IT 애널리스트인 벤 톰슨Ben Thompson은 '오답 선택'이라는 새로운 접근법을 제시했다.

그는 "학생이 정답을 찾는 것이 아니라 오답을 찾게 하면 된다"면서 "인공지능에 질문을 하고 인공지능이 잘못 답변한 것을 찾아내는 것이 더 중요할 수 있다"라고 말했다. 학생들이 기술 발전에 발맞춰 앞으로는 사실을 판단하는 팩트 체커와 인공지능의 글을 편집하는 편집자로서의 역량을 키워야 한다는 목소리다.

출판과 미디어: 누구나 기자, 작가가 된다

출판과 미디어에 있어 생성형 인공지능은 양날의 검이다. 챗GPT를 텍스트 분석을 중심으로 하는 코파일럿처럼 운용할 경우 더욱 빠른 속도로 콘텐츠를 생산할 수 있고 글을 쓰고 싶어 하는 더 많은 사람이 참여할 수 있다. 하지만 낮은 품질의 콘텐츠가 난립할 가능성도 존재한다.

뉴욕에서 마케터로 일하고 있는 브렛 시클러Brett Schickler는 동화작가가 꿈이었지만 책을 출판하는 것은 상상조차 하지 못했다. 하지만 챗GPT가 나오자 상황은 달라졌다. 그는 챗GPT를 활용해 30페이지 분량의 어린이용 전자책을 써서 아마존 킨들 스토어에 올렸다. 이렇게 탄생한《현명한 꼬마 다람쥐The Wise Little Squirrel》라는 책은 100달러가 채 되지 않는 매출을 거뒀지만, 그의 꿈을 이루기에는 충분했다.

아마존 킨들 셀프 퍼블리싱 코너에는 2023년 3월 현재 약 400권 이상에 달하는 챗GPT 공저 책들이 올라와 있다. 무료인 책도 수두룩하다. 국내에도 챗GPT를 활용한 출판 사례가 계속 등장하고 있다.[8]

미국에서 아마존은 종이책과 전자책 시장에서 가장 큰 판매자로 전자책 시장에서는 80퍼센트의 점유율을 차지하고 있다. 아마존은 2007년 출판사를 거치지 않고도 직접 책을 유통할 수 있는 '킨들 다이렉트 퍼블리싱' 시스템을 만들어 누구나 작가가 되는 길을 열어주었다. 이러한 코너는 생성형 인공지능의 발달로 더 큰 인기를 얻고 있다.

킨들 다이렉트 퍼블리싱을 통해 수백만 부에 달하는 책을 판매한 마크 도슨Mark Dawson은 "챗GPT를 활용한 소설은 따분하고 수준이 낮다"면서 "이런 지루한 글들이 계속 올라오면, (출판 업계는) 금방 바닥으로 가라앉을 것"이라고 주장했다. 이에 대한 반론도 있다. 미국 작가조합the Authors Guild의 대표 메리 라젠버거Mary Rasenberger는 "우리가 정말로 걱정해야 할 것은 생성형 인공지능"이라며 "이 책들이 시장에 넘쳐날 것이고 많은 작가가 실직할 것"이라고 말했다. 그러면서 그는 출판 업계에서는 대필 작가가 존재한다는 점을 언급하면서, 독자들은 그 차이점을 분간하기 쉽지 않다고 말했다.

뉴스 미디어에서도 변화의 바람이 불고 있다. 미국의 테크 미디어인 CNET은 인공지능을 활용한 글쓰기에 가장 적극적인 언론사로 모회사이자 미디어 그룹인 레드벤처스Red Ventures에서 개발한 인공지능을 활용해 자동으로 기사를 생성하는 실험을 단행했다. 인공지능이 데이터를 가지고 오고, 스토리를 생성하며 도메인에 기사를 올리기까지 한다. 편집자의 역할은 학습된 모델의 가중치를 조정해 추가로 학습시키는 미세 조정fine-tuning에 그친다. 다만 이 실험은 몇몇 오류로 인해 중단됐다.

《포브스》는 버티Bertie라는 콘텐츠관리시스템CMS에 인공지능을 탑재, 제목을 최적화하고 이미지를 추천하며, 《워싱턴포스트》는 인공지능 기술을 활용해 올림픽과 선거에 대한 실시간 정보를 제공하고 있다. 《매일경제》 역시 챗GPT를 활용해 오픈 AI와 챗GPT에 대한 200자 원고지 7매짜리 기사를 5분 만에 작성해 신문에 보도한 적이 있다. 적절한 포지티브·네거티브 프롬프트를 활용할 경우, 챗GPT는 웬만한 초·중급 수준의 분석 기사를 생성할 수 있다고 판단된다.

현재 수많은 미국 미디어가 언론인의 생성형 인공지능 사용을 논의 중이다. 빠른 속도로 URL을 요약해내는 프롬프트 엔지니어링을 사용하면 보도자료 처리와 같은 단순 업무를 없앨 수도 있다. 다양한 분야의 뉴스를 전달하는 뉴스레터 '1440'의 공동창업자 팀 휠스캠프Tim Huelskamp는 "대규모의 파괴적인 기술 변화는 10년마다 발생한다"면서 "나는 이것이 다음 변화라고 생각한다"라고 말했다.

현재 뉴스 미디어에서 생성형 인공지능을 적극 도입하지 못하는 이유는 사실의 부정확성에 있다. 연도나 금액, 인명 등을 자주 틀리기 때문에 맹신하기가 어렵다. 하지만 이 역시 서서히 개선될 것으로 보인다.

법률: AI 법률 비서의 등장

법률 서비스에 기술을 접목한 리걸테크LegalTech 분야는 생성형 인공지능을 적극 수용하는 추세다. 판례를 조사하고 소송 가능성을 평가하며 보고서를 작성하는 등 다양한 영역에 이미 인공지능이 침투한 상태인데, 챗GPT를 활용해 서비스를 더욱 발전시키고 있다.

경제 규모가 커지고 법률 서비스 수요가 늘면서 인공지능이 지배하는 리걸테크 시장은 꾸준히 성장세다. 시장조사기관 애드로이트마켓리서치Adroit Market Research의 시장 연구 보고서에 따르면, 전 세계 리걸테크 시장은 2029년 82억 달러에 달할 전망으로 매년 4.3퍼센트씩 성장이 예상된다.

인공지능은 크게 소송에 필요한 정보를 데이터화하는 전자증거개시e-discovery, 법률 판례 등 대규모 데이터베이스에 접속해 빠른 속도로 검색할 수 있는 법률 조사, 고객의 문서를 저장하고 기밀을 유지하는 문서관리 솔루션, 계약 건과 같은 문서를 검토하는 법률 실사, 소송 시 발생 가능한 시나리오를 알려주는 소송 분석, 고객에게 보다 쉽게 내용을 설명하는 법률 고객 경험 등으로 구분이 된다.[9]

챗GPT의 등장으로 리걸테크 영역은 빠르게 진화하고 있다. 미국에서는 1만 개 이상의 로펌이 이용하는 리걸테크 스타트업 케이스텍스트Casetext는 챗GPT를 도입한 인공지능 법률 비서 코카운슬CoCounsel을 공개했다. 케이스텍스트의 CEO 제이크 헬러Jake Heller는 "인공지능 법률 비서를 만든 것은 이번이 처음"이라며 "앞으로 변호사는 법률 조사, 문서 검토, 변론 준비, 계약 분석과 같은 작업을 인공지능에 위임하고 본인이 잘하는 일에 집중할 수 있을 것"이라고 말했다.[10]

케이스텍스트가 챗GPT의 부정확성을 극복한 방법은 법률 검색 시스템인 패러렐서치Parallel Search와 결합했기 때문이다. 이를 토대로 법률 조사, 문서 검토와 같은 업무 역량이 실질적으로 향상됐다는 설명이다. 현재 400명 이상의 변호사로 구성된 베타 테스터 그룹이 5만 회 이상 사용했다는 것이 회사 측 설명이다.

케이스텍스트가 판례 분석에 집중한다면 로드로이드LawDroid는 법률 조사, 이메일 및 변론 초안 작성, 문서 요약, 브레인스토밍, 채팅 등의 업무를 지원한다. 로드로이드의 톰 마틴Tom Martin CEO는 "실제로 프라이버시에 대한 미국의 판례를 요청하면, 인공지능은 가장 오래된 판례부터 다양한 정보를 제공한다"면서 "담당 판사가 누구인지와 같은 후속 질문도 답변할 수 있다"라고 말했다. 그러면서 그는 "변호사가 인공지능을 활용하면 박식한 법률 보조원과 대화하는 것 같은 경험을 할 수 있을 것"이라고 말했다.

미국 시애틀에 있는 법률 스타트업 렉시온Lexion은 마이크로소프트의 워드프로세서에서 바로 인공지능에 접속할 수 있는 '워드 플러그인Word Plugin'서비스를 공개했다.[11] 특정 계약에 필요한 법률 용어 등을 불러올 수 있으며 이를 통해 계약서 초안을 즉석에서 작성할 수 있다. 이뿐 아니다. 알렌앤드오베리Allen & Overy는 인공지능 챗봇 하비Harvey를 출시해 2,000명 이상의 변호사에게 테스트를 받고 있다. 변호사의 도움 없이도 교통신호 위반 벌금에 대해 항의할 수 있도록 지원하는 두낫페이DoNotPay라는 스타트업도 있다.

인공지능을 접목한 법률 서비스는 꾸준히 늘어나는 추세다. 물론 리걸테크 분야에서도 풀어야 할 숙제는 있다. 실제 변호사처럼 매우 복잡한 판단을 하는 데는 아직 적합하지 않다는 것이다. 아울러 전 세계의 법률 데이터가 부족해 외국 기업과 소송 등에 있어서는 아직 사용이 어려운 것이 현실이다.

회계: 1년에 4억 시간을 절약한다

인공지능 회계 관련 팟캐스트를 청취하다 놀랄 만한 이야기를 들었다.

최근 설문조사에 따르면 회계사 중 70퍼센트가 인공지능이 업무 방식을 크게 바꿀 것이라고 생각합니다. 또 다른 연구에서는 인공지능을 사용하면 연간 최대 4억 시간의 데이터 입력 시간을 절약할 수 있고, 챗GPT를 도입한 한 회계법인은 생산성을 10퍼센트 증가시킬 수 있다고 합니다.

회계 영역에서 인공지능을 어떻게 보고 있는지 알려주는 단적인 메시지[12]로 이런 목소리는 또 존재한다. 문서 솔루션 스타트업인 코러스닥스QorusDocs의 레이 메이어링Ray Meiring CEO는 회계 업무의 영역이 확장되면서 인공지능의 도입이 필수가 됐다고 말한다. 오픈 뱅킹·지급결제 서비스에 대한 규제, ESG 지침, 글로벌 세무 업무, 가상화폐와 같은 새로운 감사 기준의 도입 등 신규 산업이 태동하면서 회계사도 잘 모르는 영역들이 속속 나타나고 있기 때문이다.

기업들은 이제 회계를 자동화하려는 움직임을 보이고 있다. 코러스닥스에 따르면, 기업의 70퍼센트는 이미 회계 자동화에 투자하기 시작했다. 회계사의 56퍼센트는 이런 기술을 생산성 향상을 위해 도입했으며, 27퍼센트는 이를 통해 업무 시간을 크게 단축할 것으로 예상했다.[13] 고객사인 기업의 움직임이 빨라지고 있기 때문에 회계사의 변화 역시 불가피한 것이다.

챗GPT를 통해 당장 고객의 요구에 맞게 답변서를 작성하고 입찰을 위한 문서를 작성하는 것이 가능해졌다. 또 고객사들이 회계 업무를 모르더라도 이를 통해 대략의 정보를 얻을 수 있게 되었다. 아직 미국 중심이긴 하지만, 기업의 상황을 설명하고 소득세를 최소화하는 전략을 물어보거나 세금 공제 대상 여부를 확인하는 것이 가능하다. 이를 위한 인공지능은 2015년 이후 속속 등장한 상태다.

캐나다의 '찰리Charli'는 2020년 처음 선보인 이래 납세자들의 질문에 답변하는 것에 최적화되었다. 특히 세금을 어떻게 환급 받을지에 대한 문의를 주로 받고 있으며 현재 500만 건 이상의 질문을 처리했다. 오스트레일리아의 '알렉스Alex'는 2016년 출시된 인공지능으로 세금, 재산권, 소득 공제, 신고 방법 등에 대한 문의를 처리하고 있다. 연간 140만 건의 문의사항에 답변했다. 이외에도 스웨덴과 러시아, 싱가포르 등의 정부에서 챗봇을 이용한 서비스를 제공하고 있다.

일부 인공지능 기반 소프트웨어 회사는 일반적인 회계 업무에 대한 반복적인 문의사항을 처리하는 챗봇을 개발했다.[14] 오스트레일리아 스타트업인 쓰리데이Thriday의 CEO 마이클 누치폴로Michael Nuciforo는 인공지능 기반 회계·세무 서비스를 선보인 바 있다. 쓰리데이의 창업자들은 재무 업무를 수행하면서 반복적인 회계 업무를 어떻게 하면 간소화할지 고민했고, 이를 자동화하는 방법으로 창업했다.

쓰리데이는 현재 자체 법인카드를 발급하고 인공지능을 기반으로 고객이 사용한 영수증을 자동으로 분류해 회계 처리한다. 이들은 이러한 인공지능 시스템을 복식부기를 발명한 루카 파치올리Luca Pacioli의 이름을 따 '루카Luca'라고 명명했다. 루카는 현재 5만 건 이상의 실제 은행 거래 데이터를 토대로 학습을 마친 상태다. 누치폴로는 "인공지능은 이미 정확하고 강력하다"면서 "앞으로 더 많은 거래가 이뤄지면서, 더 똑똑해질 것으로 확신한다"라고 말했다.

회계 업계의 생성형 인공지능의 도입은 앞으로 더욱 빨라질 것으로 보인다. 현재 등장한 가상 비서 역시 상당 부분 작업을 자동으로 처리해주지만, 생성형 인공지능처럼 특정 업무를 상담하는 것은 어렵다. 다만 법적 대응이나 위험 분석 등에 있어서는 부족하다는 평가가 있다. 당분간 기존에 나온 회계·세무 솔루션에 접목하면서 서비스를 개선하는 방향으로 나아갈 것으로 보인다.

: 부동산: 로봇 중개인과 인간 중개인 간의 대결 :

부동산 산업은 자영업자가 많아 기업용 서비스 소프트웨어SaaS 시장이 크게 발달하기 어려운 분야다. 마이애미부동산그룹Miami Real Estate Group의 중개인인 안드레스 아시온Andres Asion은 "챗GPT를 한 달간 써봤지만 나를 이렇게 놀라게 한 것은 없는 것 같다"라고 극찬했다.[15]

최근 공사를 끝낸 집에 고객이 입주했는데 창문이 열리지 않았다. 중개인은 건축업자에게 챗GPT를 활용해 왜 건축업자에게 책임이 있는지에 대해 정중하면서도 강도 높은 항의 편지를 작성했다. 법적인 문제로 비화될 뻔했던 이슈는 챗GPT가 작성한 문장으로 사그라들었다. 아시온은 "이런 기능을 담은 소프트웨어면 1년에 200달러도 아깝지 않다"라고 말했다.

부동산에는 소규모 자영업자가 많다보니 금융사 중심의 핀테크나 로펌이 즐비한 리걸테크처럼 대규모의 고객이 없다. 쓸 만한 소프트웨어가 등장하지 않는 이유다. 챗GPT가 등장하면서 중개인들은 직접 생성형 인공지능을 활용해 소개서를 작성하고 홍보 문구를 만들며 각종 이슈에 대응하기 시작했다. 이에 일부 직종은 실직 위험에 놓였다.

부동산 카피라이터 카시 히라펫Kasi Hyrapett은 뉴욕과 캘리포니아에서만 총 5,000건 이상의 부동산 매물에 대한 소개서를 작성했다.[16] 그는 부동산 전문 카피라이팅 회사인 MLS라이터를 설립한 뒤, 건당 160달러를 받고 중개인 대신 소개서를 작성해왔다. 히라펫은 "생성형 도구가 출시되면서 몇몇 고객을 잃을 것으로 보인다"라고 염려했다.

실제로 챗GPT를 활용해 뉴욕에서 판매 중인 고가의 주택에 대해 꼼꼼하게 소개서를 작성하라고 지시하면, 즉석에서 문장이 생성된다. 히라펫은 "인공지능이 구매 유도 문구 작성에는 능수능란하지만, 업계 전문 용어를 정확히 사용하는 것은 아직 부족해 보인다"라고 설명했다.

현재 생성형 인공지능이 대체할 수 있는 부동산 중개인의 업무는 반복되는 고객 상담의 자동화, 매물을 분류하는 심사 작업, 모기지 시장 분석, 주택보험 최적화 등이 꼽힌다. 부동산 영역에서 인공지능의 확산은 확실히 더디다. 하지만 최근 들어 부동산property과 기술technology을 접목한 프롭테크PropTech 기술이 부상하면서 서서히 변화하고 있다.

하우스프라이스닷AIHouseprice.AI는 단독 주택이 많은 미국에서 정확하게 집값을 평가해주는 인공지능 서비스를 제공하고 있다.[17] 일종의 감정평가 인공지능이다. 특히 이 업체는 인공지능을 활용해 중간 예상치 대비 실제 판매치의 격차를 나타내는 RMSERoot Mean Square Error를 2.6퍼센트 수준으로 줄이는 데 성공했다. 집 주소와 방, 화장실 사용자 수 등을 입력하면 인공지능이 패턴 분석을 통해 이를 평가한다.

국내에는 잘 알려지지 않았지만 2016년 로봇 중개인과 인간 중개인이 대결을 벌인 사례도 있다. 미국 콜로라도 주의 덴버 메트로 일대를 분석해 구매자가 원하는 집을 찾아주는 대회였다. 사람과 로봇은 고객의 목소리를 듣고 각각 세 채씩 주택을 선정했는데, 최종적으로 구매자는 로봇이 추천한 집을 선택했다. 인공지능이 부동산 평가와 분석 영역에서 인간을 앞설 수도 있다는 결과다.

향후 프롭테크는 인공지능을 활용해 다양한 부동산 분야를 자동화할 것으로 보인다. 집을 가상현실로 생성해 원거리에 있는 고객에게 집 안을 자유롭게 보여주고, 부동산 투자에 대한 최적의 모델을 만들 수 있다. 또한 인공지능을 탑재한 로봇이나 3D프린터가 주택을 짓는 광경도 펼쳐질 것이다. 실제로 2018년 미국 기업인 아이콘ICON은 3D프린터를 토대로 60제곱미터 규모의 주택을 건설하는 데 성공했고, 러시아의 아피스코르Apis-Cor는 하루 400개의 벽돌을 쌓을 수 있는 인공지능 기반 로봇을 개발 완료했다.

부동산 산업은 새로운 기술을 도입하는 데 더딘 측면이 있다. 하지만 인공지능이라는 새로운 물결은 이 분야의 판을 뒤엎을 가능성이 크다.

여행: 언어의 장벽이 무너진다

인간은 먹고, 마시고, 즐기기를 희망한다. 여행 산업이 인류가 만든 산업 중에 가장 큰 축에 속하는 이유다. 2023년 말 전 세계 여행 산업의 규모는 약 8548억 달러(한화로 약 1112조 원)로 전망된다. 이는 한국 정부 예산의 두 배가 조금 안 되는 금액이다. 2027년이 도래하면 여행 산업의 시장 규모는 1조 달러를 훌쩍 넘어설 전망이다.

여행 산업에서 가장 큰 비중을 차지하는 것은 호텔업으로 2023년 말에 4088억 달러 규모에 도달할 것으로 전망된다. 여행 산업의 절반 가까이에 이르는 규모다.[18] 막대한 돈이 몰린 분야인 만큼 인공지능 서비스 역시 일찌감치 도입되었고, 그 중심에는 온라인 여행사인 OTA Online Travel Agency가 차지하고 있다.

15년 역사에 불과한 숙박공유서비스 에어비앤비는 2023년 3월 현재 시가총액이 744억 달러에 달한다. 이에 반해 전 세계 7,800개에 달하는 호텔을 거느린 1위 호텔 체인인 메리어트 인터내셔널 Marriott International Inc.의 시가총액은 482억 달러 규모다. 호텔을 한 채도 보유하지 않은 에어비앤비가 호텔 업계의 거목인 메리어트보다 더 큰 가치를 지닌 이유에는 인공지능의 역할이 크다.

에어비앤비는 인공지능 알고리즘을 도입해 사용자 개개인에 맞는 숙박시설을 추천하고 시장 수요를 실시간으로 분석해 가격을 조정한다. 시장을 교란하는 허위 리뷰를 차단하고 이에 더해 다양한 언어를 전환해주는 번역 서비스도 제공하고 있다.

에어비앤비뿐 아니라 수많은 OTA들이 막강한 인공지능 기술을 도입한 상태다. 부킹닷컴Booking.com, 스카이스캐너Skyscanner, 익스피디아Expedia와 같은 OTA들은 현재 인공지능 챗봇을 적극 운영하고 있다. 원하는 여정에 대한 세부 정보를 입력하면 로봇이 일정을 짜준다. 여행 전문 빅데이터 스타트업 호텔마이즈Hotelmize는 인공지능 챗봇 서비스로 8000만 달러 규모의 수익을 창출하기도 했다.[19]

인공지능 스타트업이 급부상하자 불똥이 튄 곳은 전통의 호텔이다. 이에 대응하고자 호텔 체인인 힐튼Hilton은 IBM의 왓슨과 손을 잡고 컨시어지 로봇 '코니Connie'를 내놓았다. 팔과 다리가 자연스럽게 움직이는 이 로봇은 손님을 위해 호텔 객실을 안내한다. 또 알록달록한 다양한 조명을 활용해 자신의 기분마저 드러낸다.

로봇 강국인 일본은 서비스 로봇의 선구자다. 일본 규슈 최서부 나가사키현에 있는 헨나 호텔変なホテル은 체크인과 체크아웃 서비스를 실시간 응대하는 다국어 로봇을 배치했다. 또 럭셔리 호텔 그룹인 도체스터 컬렉션Dorchester Collection은 인공지능 플랫폼 메티스Metis를 활용하고 있다. 고객 데이터를 수집하고 피드백 설문조사를 실시하며 그 결과를 경영진이 파악할 수 있

힐튼의 컨시어지 로봇 '코니'

도록 한다.

호텔 밖에서도 인공지능의 물결은 거세다. 호텔 다음으로 큰 여행 세부 산업인 항공 분야 역시 머신러닝을 적극 도입하고 있다. 카약KAYAK과 호퍼Hopper는 머신러닝 알고리즘 서비스로 항공편 데이터를 실시간 분석한다. 최적의 호텔과 항공편을 추천한다. 아울러 항공편 가격이 향후 올라갈지 떨어질지를 미리 예측해 안내한다.

인공지능에 대한 막대한 수요는 여행 전문 인공지능 스타트업을 부상시키고 있다. 호텔마이즈는 인공지능을 활용해 유사

객실의 가격을 실시간 추적하고 고객인 호텔을 위해 주변 호텔 가격을 분석한다. 이를 기반으로 주변 호텔 가격이 언제 오르내리는지를 안내한다.

인공지능 서비스가 두각을 나타내는 또 다른 분야는 일정 관리다. 아이플랜닷AI iPlan.AI는 목적지와 인원, 여행 스타일 등 간단한 정보 몇 가지를 입력하면 예산에 맞는 스케줄을 짜준다. 롬어라운드Roam Around라는 앱은 챗GPT를 도입해 모든 도시에서 할 수 있는 여행 일정을 생성한다. 챗GPT는 프롬프트에 세부 내용을 입력해야만 제대로 된 답변을 하는 데 반해, 이 앱은 직관적인 질문을 던지는 것이 특징이다. 방문할 도시는 어디인지, 며칠 머무를지 묻는 것이 전부다.[20] 일부 국가에서는 편향성을 이유로 챗GPT를 차단했는데, 이런 곳에서 롬어라운드는 적격인 서비스다.

자동차 여행 일정을 짜주는 큐리오시오Curiosio는 위키피디아 Wikipedia, 위키데이터Wikidata, 프리베이스Freebase, 디비피아DBpia, 오픈스트리트맵OpenStreetMap과 같은 다양한 데이터를 학습한 자체 인공지능 인지니Ingeenee를 개발했다. 사이트에 접속해 국가와 도시, 그리고 몇 명이 출발하는지, 자차인지 렌터카인지 정보를 넣으면 100초 이내에 예산별 동선을 그려준다.

챗GPT의 등장은 여행 산업에서 인공지능 도입을 더 촉진할 것이 분명하다. 2021년 데이터까지 학습했기 때문에 실시간 호텔과 항공편 정보는 제공하지 않지만, 향후 새로운 버전이 출시될 경우 그 파급 효과는 현재보다 분명히 클 것이다. 개인에 맞춘 스케줄을 제공하거나 다른 언어권의 국가에서도 호환이 이뤄질 수 있는 서비스가 곧 등장하게 될지도 모른다. 여행 산업에 등장한 챗GPT는 인공지능의 물결을 더 거세게 만들 것이다.

마케팅: 고객 관리부터 광고 제작까지

영화 〈데드풀〉의 주연배우이자 미국 알뜰폰업체 민트모바일Mint Mobile의 소유주인 라이언 레이놀즈Ryan Reynolds는 챗GPT를 활용해 광고 문구를 만들고 나서 혀를 내둘렀다. 그는 "무섭긴 하지만 굉장히 설득력 있다"고 소감을 전했다. 레이놀즈는 "챗GPT에 내 말투로 광고 대본을 작성할 것과 농담과 욕설을 섞어 민트모바일의 프로모션이 여전히 진행 중이라는 사실을 사람들에게 알리라고 명령했다"면서 "챗GPT를 활용해 만든 첫 공식 광고"라고 설명했다. 실제로 민트모바일은 인스타그램, 스냅, 페이스북 등을 통해 해당 광고를 집행했다.[21]

"안녕하세요. 라이언 레이놀즈입니다. 먼저 민트모바일이 개똥 같다고 말하고 싶네요. 하지만 그보다 더 중요한 사실은 다른 통신사들의 프로모션은 끝났지만, 민트모바일은 끝나지 않았다는 겁니다. ……(중략)…… 아! 그리고 추가 혜택이 있습니다. 지금 신청하신 분들은 고객센터에 전화를 걸 때마다 제 목소리를 들으실 수 있습니다. 농담입니다. 모두 좋은 하루 보내세요."

마케팅과 광고는 고객과의 관계를 관리하고, 시장을 구축하는 기법을 연구하는 학문이자 직무로 정의된다. 하지만 단순히 직무만은 아니다. 온라인 시장과 전자상거래가 발달하면서 마케팅 담당자를 위한 서비스를 공급하는 시장이 크게 발전하고 있다. 이른바 CRMCustomer Relationship Management 솔루션이다.

CRM은 기업의 현재 고객은 물론 더 나아가 잠재고객과 관련된 정보를 관리 추적·저장하도록 지원하는 일련의 데이터 기반 소프트웨어가 통합된 솔루션이다. 잠재고객이 사이트에 접속해 무엇인가를 클릭하는 순간 CRM 솔루션이 이를 인지하고 작동하기 시작한다. 고객의 행동 패턴은 무엇인지 해당 고객이 진성 고객이 될지 여부를 가늠한다.

CRM은 온라인 시대 기업의 필수 도구가 됐다. 스태티스타에 따르면, CRM 시장 규모는 2023년 말 791억 6000만 달러에 달할 전망인 데다 매년 11퍼센트씩 성장해 2027년에는 그 규모가 1200억 달러를 넘어설 것으로 보인다. 시장 크기만큼 일찌감치 수많은 빅테크 기업이 인공지능을 앞세워 이 영역에 진출했다.

CRM의 양대 산맥은 마이크로소프트와 세일즈포스Salesforce다. 특히 세일즈포스는 기업용 소프트웨어 업계의 애플로 불린다. 수많은 외부 소프트웨어를 구독 플랫폼처럼 운영하기 때문이다. 세일즈포스는 이미 2017년에 아인슈타인Einstein이라는 CRM을 선보이면서 인공지능을 전면에 내세웠다.

하지만 챗GPT 개발사인 오픈AI에 투자하고 파트너십을 맺은 마이크로소프트가 움직였다. 마이크로소프트는 2023년 3월 '다이내믹스 365 코파일럿'이라는 시범 서비스를 선보였는데, 인공지능이 고객 문의에 대해 응대하고, 이메일 답변을 작성하며, 마케터가 목표로 삼을 고객을 분류해내는 기능을 담았다. 앞서 사티아 나델라Satya Nadella 마이크로소프트 CEO는 자사의 모든 제품 라인업을 오픈AI의 인공지능 도구를 활용해 재정비할 것이라고 밝힌 바 있는데 이를 곧바로 시연한 것이다.

업계 1위인 세일즈포스 역시 오픈AI의 챗GPT를 접목한 아인슈타인GPTEinstein GPT라는 서비스를 선보이며 맞대응에 나섰다.[22] 아인슈타인은 프롬프트에 명령어를 입력하면 문장 요약, 개인 맞춤형 이메일 발송, 마케팅용 코드 등을 생성한다. 또 기업이 광고 캠페인에 사용할 수 있도록 이미지도 만들어낼 수 있다.

차별점은 공개된 정보나 세일즈포스에 있는 각종 데이터를 불러낼 수 있으며, 각 기업이 자체 데이터를 이용해 인공지능을 훈련시킬 수 있다는 점이다. 기업이 자체 인공지능을 구축할 수 있는 것이다. 아울러 생성형 인공지능이 거짓 정보를 생성하는 환각 현상을 방지하고자 인공지능이 생성한 답변을 이용자가 사용하기 전에 확인하는 절차를 도입했다.

스타트업 또한 분주해졌다. 인공지능 스타트업인 아웃리치Outreach의 매니 메디나Manny Medina CEO는 챗GPT를 기반으로 한 '스마트 이메일 어시스트'라는 새로운 기능을 테스트하고 있다. 인공지능이 잠재 고객을 상대로 첫 번째 맞춤 이메일을 발송해 답변을 유도한 후 이를 분석해 고객이 구매 의사가 있는지, 의사결정 권한은 있는지 등을 실시간 분석한다.

재스퍼Jasper는 광고 카피, 이메일, 소셜미디어용 게시물 작성과 랜딩 페이지 구축을 자동화했다. 특히 브랜드명을 입력하면 이에 대한 설명문이 자동 생성된다.[23] 그로스바GrowthBar는 검색엔진인 크롬Chrome 확장 프로그램을 통해 콘텐츠를 자동으로 생성해준다. 검색엔진에 최적화된 키워드, 정확한 단어 수, 링크, 이미지 등을 추천하는데 이를 기반으로 마케터는 홈페이지와 블로그 등을 운영할 수 있다.

브랜드 광고에 최적화된 언어를 생성하는 프레이즈Phrasee, 광고 캠페인을 분석하는 옵티무브Optimove, 마케터를 위한 인공지능 문장 생성기 인스타텍스트InstaText, 고객별로 최적의 시간대에 이메일을 발송해주는 세븐스센스Seventh Sense, 페이스북 메신저 봇을 만들어주는 매니챗Manychat 등이 마케팅 영역에서 인공지능을 앞세워 활동하고 있다.

게임과 메타버스: AI 반려동물이 말을 걸어온다

챗GPT 기능 가운데 많은 사람이 잘 모르고 있는 하나는 게임이다. 오늘날 수많은 게임이 현란한 그래픽으로 무장하고 있지만, 게임의 시초는 사실 텍스트다. 1970년대 게임은 텍스트를 기반으로 한 이른바 '텍스트 어드벤처 게임'이 주류를 이뤘다. '나무에 올라' 또는 '문을 열어'와 같은 프롬프트를 입력하면, 알고리즘 캐릭터가 그 다음 행동을 하는 방식이다.

챗GPT는 방대한 인간 언어를 학습한 자연어 처리 생성형 인공지능이기 때문에, 사용자 요구에 맞게 이 같은 고전 텍스트 게임을 할 수 있다. 대표적인 게임은 '게스후?Guess Who?(누구게)'다.[24] 오늘날 미국 어린이들이 종종 하는 역할 게임인데, 우리나라의 스무고개와 유사하다.

챗GPT를 상대로 '게스후?'를 하자고 요청하면 곧 응답한다. 한 가지씩 묻고 답하면서 어떤 인물을 떠올리고 있는지 맞추는 게임이다. 챗GPT가 지원하는 텍스트 게임은 이외에도 다양하다. 종이와 연필을 활용하는 고전 게임인 틱택토Tic-tac-toe, 단어를 맞추는 일명 단어 사다리 게임, 다음 단어를 맞추는 행맨 게임Hangman-game, 상식 퀴즈 등이 그것이다.

이러한 능력은 메타버스 산업에 깊은 영향을 미치고 있다. 블록체인 게임 스타트업인 애드버킷그룹Advokate Group은 2023년 3월 챗GPT를 접목한 다중 플랫폼 메타버스인 메타가이아

MetaGaia라는 이벤트를 실시했다.[25] 사용자가 가상현실에서 친구를 사귀고 다양한 경험을 할 수 있는 세 개의 게임을 제공했다.

특히 챗GPT를 활용해 앙증맞은 대화를 나눌 수 있는 반려동물을 가상현실에서 구현했다. 사용자는 반려동물과 대화를 나누고 함께 모험을 할 수 있다. 애드버킷그룹은 가상화폐인 METG를 발행하고 있는데, 각종 이벤트를 통해 해당 통화를 사용자에게 제공한다.

중국의 게임회사인 넷이즈NetEase는 3D 온라인 롤플레잉 게임에 챗GPT를 접목했다. 중국 송나라 시대를 배경으로 하는 'MMO 저스티스 온라인Justice Online'에는 챗GPT를 활용한 인공지능이 탑재돼 있다. 일부 캐릭터가 챗GPT처럼 말을 한다. 중국의 시, 노래, 소설에 대해 매우 자연스럽게 대화를 건넨다. 넷이즈는 단조로운 게임 스토리를 벗어나 게임 사용자마다 다른 퀘스트를 부여하는 데 챗GPT를 활용할 계획이다.

이런 거대한 변화의 흐름은 빅테크 진영에서도 감지된다. 오픈AI에 투자한 마이크로소프트는 챗봇 빙을 콘솔 게임기인 엑스박스Xbox에 통합하려고 시도하는 중이다.

게임회사들이 생성형 인공지능을 속속 도입하는 이유는 몰입감 넘치는 사용자 경험을 제공할 수 있기 때문이다. 앞으로는 게임 내 컴퓨터 캐릭터가 텍스트 투 스피치Text-to-speech와 딥러닝을 활용해 특정 배우의 목소리를 흉내 낼 것으로 보인다. 생성형 인공지능이 컴퓨터 캐릭터와 인간 사용자 간 상호 작용을 더욱 높일 수 있기 때문이다.

일부에서는 인공지능을 활용해 이미지를 그리는 시도도 하고 있다. 외계인을 무찌르는 내용을 담은 게임인 '하이 온 라이프High on Life'는 미드저니 아트를 활용해 아이템을 생성한다. 챗GPT와 같은 텍스트 생성기, 미드저니와 같은 이미지 생성기가 이미 게임 산업의 판도를 흔들고 있는 것이다.

생성형 인공지능은 게임 제작 프로세스를 개선한다. 3D 개발 스튜디오인 메타버스아키텍트Metaverse Architects의 공동창업자 숀 엘룰Sean Ellul은 "챗GPT를 활용해 게임 디자인에 대한 아이디어를 미세 조정할 수 있었다"면서 "아울러 우리가 부족한 마케팅 기술에 대한 힌트마저 얻었다"고 설명했다.[26] 그러면서 그는 "챗GPT를 사용하는 빈도가 검색엔진인 구글을 사용하는 빈도와 비슷하다"라고 말했다.

새로운 창조자들

"2025년까지 모든 콘텐츠의 90퍼센트는
생성형 인공지능이 생산할 것이다."

타망벤처 창업자 니나 쉬크

테크 업계의 새해를 여는 CES Consumer Electronics Show 2023에 서 열띤 토론이 벌어졌다. 챗GPT가 등장한 지 1개월밖에 안 된 시점에 전문가들은 생성형 인공지능으로 인해 콘텐츠 제작 방식이 완전히 달라질 것이라고 전망했다. 인공지능 전문가이 자 《딥페이크 Deepfakes》의 저자인 니나 쉬크 Nina Schick가 "콘텐츠 대다수를 인공지능이 잠식할 것"이라고 설명하자, 미국 배우 방송인 노동조합인 SAG-AFTRA의 덩컨 아일랜드 Duncan Ireland 는 "실물 사진과 합성을 구별하기 어려워지면서 어떻게 초상권 을 유지할지 고민하고 있다"라고 답변했다.

이러한 염려는 불과 2개월 뒤 사실로 드러났다. 영화 〈해리 포터〉 시리즈의 주인공 엠마 왓슨 Emma Watson이 딥페이크 기술 로 소셜미디어의 음란 광고에 등장하고 있다고 미국 외신들이 일제 보도했다.[1] 생성형 인공지능으로 엠마 왓슨의 실사 초상화를 그린 뒤, 이를 다시 동영상으로 제작한 것이다.

크리스티 경매에 등장한 인공지능 그림

이미지 생성 인공지능은 이미 2022년 9월 우리 사회에 충격을 던졌다. 미국 콜로라도 주 미술전에서 게임 디자이너인 제이슨 앨런Jason Allen이 제출한 작품 〈스페이스 오페라 극장Théâtre D'opéra Spatial〉이 신인 디지털 아티스트 부문에서 1위를 차지했는데, 알고 보니 인공지능이 그린 작품이었던 것이다. 미술 업계는 상을 박탈해야 한다고 주장했지만 앨런은 '미드저니를 이용한 제이슨 앨런'이라는 이름으로 출품했기 때문에 어떤 규칙도 어기지 않았다고 반박했다.

이미지 생성 인공지능에 대한 찬반 논란은 뜨겁다. 하지만 기술의 잠재력을 믿는 시장은 이미 꿈틀거리고 있다. GAN 모델로 제작한 〈에드몬드 드 벨라미의 초상Portrait of Edmond de Belamy〉이라는 작품은 2018년 10월 열린 크리스티 경매에서 최종 낙찰가 43만 2500달러에 팔렸다.[2] 한화로 6억 원에 가까운 금액이었다. 인공지능이 그린 작품의 최초 경매라는 타이틀이 있었지만, 예술적인 측면도 인정을 받았다. 그로부터 5년이 지난 2023년 2월 인스타그램이나 페이스북, 유튜브와 같은 소셜미디어와 플랫폼에는 인공지능이 그린 수많은 그림이 돌아다니기 시작했다. 이제는 전문 애니메이터가 아니더라도 픽사와 지브리스튜디오 캐릭터를 그릴 수 있고, 초상화 속 위인을 실사 이미지로 불러낼 수 있다. 이처럼 불과 몇 년 사이에 이미지 생성 인공지능이 급부상할 수 있었던 것은 바로 스테이블 디퓨전 Stable Diffusion의 등장 때문이다.

언어를 이미지로 생성하는 '스테이블 디퓨전'

스테이블 디퓨전은 인간의 문장을 토대로 이미지를 만들어내는 딥러닝 인공지능 모델로, 자연어인 텍스트를 입력하면 이미지를 생성한다. 자연어 처리 분야에 챗GPT를 중심으로 한 트랜스포머 모델 기반 인공지능이 있다면, 이미지 분야에선 스테이블 디퓨전 모델이 중심이다.[3] 그동안 수많은 이미지 생성 인공지능이 등장했지만, '와우 모먼트'를 달성하는 데에는 실패했다. 하지만 스테이블 디퓨전은 2022년 급부상해 많은 이의 감탄을 불러왔다.

인공지능의 프로세스는 크게 데이터 트레이닝→딥러닝→ 잠재공간latent space 배치→생성(디퓨전diffusion)→결과인 아웃풋 으로 이뤄진다. 이미지 생성 딥러닝은 이미지와 그 이미지에 대한 설명인 캡션caption 짝을 대조해보는 방식으로 학습이 이뤄 진다. 컴퓨터는 이미지에 대한 세세한 화소점인 픽셀을 숫자로 인식하고 그 패턴 값을 분석하고 이를 설명 문장과 대조하며 학습한다.

이렇게 학습된 생성형 인공지능은 문장이 입력되면 가상공 간에 그림을 배치하는데 이를 잠재공간 배치라고 한다. 예를 들어 엑스축이 빨간색, 와이축이 원형이라고 한다면, 맨 상단 우측에 빨간 공이, 맨 하단 좌측에 노란 바나나가 배치될 것이 다. 문제는 여기서 발생한다. 복잡한 문장을 입력하면 변수가 급증하기 때문에 인공지능이 잠재공간에 이미지를 집어넣는 데 착오를 일으킬 수 있다. 가끔 얼굴이 두 개 달린 인물 이미 지가 그려지는 이유다.

하지만 스테이블 디퓨전은 인간이 인식할 수 있는 공간을 넘 어 매우 방대한 공간을 처리할 수 있는 능력을 갖고 있다. 그 비결은 역방향 학습이다. 디퓨전이란 영어로 '퍼짐'이라는 뜻으로 "안정적 확산 모델"이라고도 부른다. 투명한 물에 빨간 잉크 한 방울을 떨어뜨리는 모습을 상상하면 이해가 쉽다. 잉크 방울은 서서히 퍼져 특정 시간에 도달하면 물 전체를 빨갛게 물들인다. 평형 상태에 도달한 것이다.

실제 세계에선 한 번 평형이 이뤄지면 원점으로 돌아올 수 없다. 하지만 스테이블 디퓨전은 안정적으로 확산된 상태를 다시 원점으로 돌리는 능력이 있다. 이는 매우 잘 그린 초상화를 백지가 될 때까지 손으로 문질러 없앤 뒤, 지운 그림을 생각하면서 다시 그리는 것과 같은 이치다. 인공지능은 이 과정을 무한으로 반복한다. 학습할 때에는 그림을 지워 없애는 방식을 쓰지만, 실제 작업을 수행할 때에는 역방향으로 움직인다.

스테이블 디퓨전은 독일 뮌헨대학교 연구진이 스타트업 스태빌리티AIStability AI의 지원을 받아 2022년 8월에 개발한 인공지능이다. 이 모델은 인공지능 학습에만 60만 달러에 달하는 거액이 들어갔지만 스태빌리티AI와 뮌헨대학교는 이를 누구나 사용할 수 있도록 오픈소스로 공개했다.

생성형 인공지능 서비스로는 이미 미드저니, 오픈AI 달리, 드림 바이 웜보Dream by WOMBO 등이 이미 존재하고 있었지만, 스테이블 디퓨전이 오픈소스로 공개되면서 수많은 기업이 이 모델을 주로 이용하고 있다.

웹툰: 인공지능 웹툰 작가의 등장

신기술은 이미지 분야에서 가장 큰 산업 중 하나인 웹툰 시장을 곧바로 강타했다. 시장조사기관인 리서치앤마켓Research and Markets에 따르면, 글로벌 웹툰 시장은 2021년 37억 4540만 달러 규모인데 2030년까지 매년 36.8퍼센트씩 성장할 것으로 보이는 제법 큰 시장이다. 웹툰은 디지털 도구를 그림을 활용해 그리는 데다, 돈이 몰리는 분야이기 때문에 이 같은 인공지능에 민감하다.

미국 뉴욕에 있는 캠프파이어 엔터테인먼트Campfire Entertainment는 코믹북 시리즈인 《베스티아리 연대기The Bestiary Chronicles》를 모두 인공지능으로 그려 공개했다.[4] 미국에서 인공지능이 그린 첫 코믹북 시리즈라는 타이틀이 붙었다. 작품은 인간의 기술적 자만에서 태어난 괴물에 대한 SF 오디세이를 그리고 있다. 제2차 세계대전 당시 포스터를 닮은 그림은 매우 정교하다. 캠프파이어의 스티브 쿨슨Steve Coulson 크리에이티브 디렉터는 "우리는 만화 산업과 엔터테인먼트 전반에 걸쳐 스토리텔링 프로세스를 근본적으로 변화시킬 완전히 새로운 시각화 도구의 등장을 마주했다"면서 "흥미롭고 무섭지만 과거로 다시 되돌릴 수 없어 빨리 미래를 수용하고 있다"라고 설명했다.

국내에서도 이런 흐름을 모를 리 없다.《공포의 외인구단》으로 유명한 이현세 화백은 웹툰 프로덕션 재담미디어와 손잡고 '인공지능 이현세' 개발에 뛰어든 상태다. 이 화백이 45년간 창작한 만화 4,174권을 재담미디어에 제공해 인공지능을 학습시킨다는 계획이다.[5] 이 화백은 "종이책 시절 배경 효과를 오려 붙이는 스크린톤이 나왔고, 디지털만화 시절에는 각종 3D 도구가 등장했다"면서 "그때마다 작가들이 사라지는 것 아니냐는 걱정이 있었지만, 인공지능 역시 결국 작가를 위한 창작 도구가 될 것"이라고 전망했다.

오노마AI Onoma AI의 웹툰 AI 플랫폼인 '투툰 TooToon'은 문장을 입력하면 웹툰 캐릭터, 옷, 배경 이미지, 콘티 등을 만들어낸다. 예를 들어 '복도를 뛰어다니는 초등학생'을 입력하면 이를 그려내고, 작가는 여기에 대사를 붙여 작품을 완성할 수 있다. 챗GPT를 결합한 투툰GPT도 발표했다. 오노마AI의 송민 CEO

는 "AI기술을 활용해 제작 과정에 소요되는 시간을 단축"한다면서 "웹툰 크리에이터의 창작활동을 증대하는 목표를 두고 서비스를 개발했다"라고 말했다.[6]

한국 전자통신연구원ETRI 역시 웹툰 생성기 '딥툰DeepToon' 개발에 뛰어들었다. 반복되는 웹툰 작업 중 상당수를 자동화하는 것이 목표다. 웹툰 제작 과정에서 그림 선 다듬기, 채색, 배경 그리기 등은 반복되는 영역으로 시간과 품이 많이 들어간다. 작가가 시나리오만 짜고 초고인 스케치를 입력하면 인공지능이 나머지를 완성하도록 하겠다는 구상이다.

미국의 빅테크 기업들은 생성형 인공지능을 적극 도입 중이다. 그래픽 툴 업계에서 사실상 독점 기업으로 꼽히는 어도비Adobe는 2022년 '어도비 센세이Adobe Sensei'를 업데이트해 선보였다. 센세이는 문장을 입력하면 그림을 그리고, 절반만 그린 그림의 나머지 부분을 완성시킨다. 필자가 만난 어도비의 스콧 벨스키Scott Belsky CPO(최고제품책임자)는 "샌프란시스코 만에 떠 있는 해적선을 입력하면 몇 초 후에 금문교 아래를 지나가는 해골과 십자형 돛이 달린 갤리온선의 이미지가 나타난다"면서 "상상을 컴퓨터 화면으로 변환하는 것과 같다"고 설명했다.

배경은 살리고 피사체만 지우는 것도 가능해졌다. 예를 들어 파도가 치는 바닷가를 배경으로 '셀카'를 촬영했는데 주변에 수많은 인파가 같이 나왔다면 이들을 삭제할 수 있다. 이는 동영상에서도 가능해져 영상을 촬영했는데 주변에 불필요한 것이 함께 촬영됐을 때 해당 부분을 삭제할 수 있다. 아울러 '사진 복원 뉴럴필터Photo Restoration Neural Filter'를 도입해 오래된 사진의 긁힘이나 손상을 복원할 수 있도록 했다.

어도비에 따르면 지난 1년간 포토샵과 라이트룸에서 인공지능 이미지 편집 기능은 13억 회 이상 사용됐다. 디지털 미디어 사업을 총괄하는 데이비드 와드와니David Wadhwani는 디자이너의 실직 염려에 대해 "인공지능이 사람들의 창조성을 강화한다"면서 "인력을 대체하는 것이 아니다"라고 말했다.

영상: 가상 아바타가 말을 건네다

대체불가능토큰NFT 산업 역시 빠른 속도로 재편되고 있다. 디지털 이미지를 블록체인 자산으로 변경하는 NFT는 2021년까지 대중의 관심을 사로잡았지만, 블록체인 거품이 꺼지면서

함께 하강기를 맞은 상태다. 하지만 이를 생성형 인공지능으로 되살리려는 움직임이 감지되고 있다.[7]

세계 최대 가상화폐 거래소 바이낸스Binance는 2022년 3월 비카소Bicasso라는 인공지능 기반 NFT 생성기를 개발해 공개했다. 사진이나 이미지를 업로드한 뒤 인공지능을 활용해 NFT로 재생성하는 방식이다. 바이낸스의 자오창펑赵长鹏 CEO는 "인공지능을 통해 이제 NFT를 창의적으로 제작하게 됐다"고 설명했다.

인공지능 업계의 관심은 이제 더 큰 산업인 동영상으로 향하고 있다. 문장을 이미지로 전환하는 것을 넘어 문장을 동영상으로 생성하는 시대가 성큼 다가온 것이다. 미국의 스타트업인 런웨이Runway는 동영상 생성 인공지능의 개발을 마친 상태다.[8] 예를 들어 도시의 거리를 그려달라고 입력하면, 이에 맞는 도시 장면이 담긴 동영상이 생성된다. 또 '영화처럼 보이게 하라'거나 '천천히 접근하라'와 같은 문장을 사용하면서 이에 맞는 다양한 효과를 부여할 수 있다. 캐릭터를 배경에서 분리할 수 있으며 배경을 흑백으로도 처리할 수 있다.

디아이디D-id라는 스타트업은 초상화나 인물 그림을 넣으면 이들을 애니메이션 아바타로 전환해주는 서비스를 제공하고 있다. 사진을 업로드하고 스크립트창에 아바타가 말할 대사를 입력하고 버튼만 누르면 사진 속 인물이 스크립트에 따라 말하는 동영상이 생성된다.

동영상 플랫폼 유튜브Youtube도 이에 적극적으로 대응하고 있다. 유튜브의 닐 모한Neal Mohan CEO는 "앞으로 몇 달 내에 생성형 인공지능 기술을 도입해 SF와 같은 배경을 동영상에서 생성하게 될 것"이라며 "인공지능이 동영상에서 색다른 이미지를 만들고 불가능한 것을 가능하게 만들고 있다"라고 말했다.[9] 닐 모한이 어떤 기술을 사용할지 구체적으로 언급하지는 않았지만, 필자는 구글이 개발한 '이매진 비디오Imagen Video'를 접목할 것이라고 추정하고 있다.

구글은 2022년 '인공지능의 날'을 열어 간단한 동영상 생성 기술을 선보인 바 있다. 문장을 입력해 동물원에서 움직이는 기린과 하늘로 떠오르는 풍선 영상을 생성해낸 것이다. 초당 24초 프레임에 최대 1280×768 해상도의 동영상이었다. 움직임이 부자연스럽고 화질이 좋지는 않지만, 동영상 생성이라는 새로운 미래가 성큼 다가온 순간이었다.

패션: 발렌시아가의 인공지능 디자이너

패션 업계는 스테이블 디퓨전이 등장하기 이전부터 인공지능의 중요성 간파하고 있었다. 1917년 설립된 프랑스의 명품 브랜드 발렌시아가Balenciaga는 인공지능 디자이너 로비 바라트Robbie Barrat를 앞세워 새롭고 독특한 컬렉션을 2018년 뉴욕 패션위크에서 선보였다.[10] 패셔니스타를 위해 발 전체를 감싸는 슈트와 헐렁한 코트, 아쿠아 그린 스타킹 등이 대표적인 인공지능 작품이다.

쇼를 위해 인공지능 디자이너 바라트는 발렌시아가의 온라인 카탈로그에 있는 각종 이미지를 학습했다. 바라트가 생성한 의상 몇몇은 인간 디자이너가 만든 것과 크게 다르지 않지만, 일부는 '외계인이 입을 법한 옷'이라는 악평을 받기도 했다. 다만 취향, 스타일, 역사에 구애받지 않아 인간 디자이너가 할 수 없는 디자인을 했다는 평가도 있었다.

뉴욕에 위치한 중소 패션 브랜드인 크로스&프레클Cross & Freckle은 모든 디자인을 인공지능에 의존한다.[11] 로고, 셔츠 디자인 등 모든 것이 인공지능 디자이너의 작품이다. 심지어 크로스&프레클이라는 브랜드명 역시 인공지능이 만들었다. 이

브랜드의 티셔츠는 검정색, 흰색이 주를 이루며 유니섹스핏으로 만들어 판매한다. 가격은 미국에서도 저렴한 편이다. 크로스&프레클의 사라 맥브라이드Sarah Mcbride 창업자는 티셔츠에 다양한 로고를 붙이는 이유를 이렇게 설명한다. "티셔츠는 뉴욕의 여름철 유니폼과 같다."

크로스&프레클 티셔츠는 어린이가 크레용으로 휘갈겨 쓴 것 같은 그림부터, 컴퓨터 마우스로 그린 것 같은 그림 등 디자인이 다양하다. 이렇게 다양한 티셔츠를 선보일 수 있었던 것은 구글 크리에이티브 랩Google Creative Lab이 수집한 100만 건 이상의 전 세계 로고와 낙서 들로 인공지능을 훈련시켰기 때문이었다. 비둘기, 쥐, 피자, 개 등 다양한 문장을 인공지능에 입력하면, 국가별로 인기 있는 낙서와 로고 들이 등장한다. 이를 토대로 유행에 따라 온갖 티셔츠를 제작할 수 있었다.

스타트업 글리치Glitch는 드레스 전문 패션 브랜드로[12] MIT 출신의 창업자들이 개발한 인공지능을 바탕으로 드레스를 만들고 있다. 이 인공지능은 '(거의) 모든 것을 생성하는 방법How to Generate (Almost) Anything'이라는 기괴한 이름을 갖고 있다. 이 브랜드는 GAN 모델을 활용해 드레스를 디자인하는데 가장 인기 있는 아이템은 검정 드레스로 꼽힌다. 피나르 야나르닥Pinar

Yanardag CEO는 "블랙 드레스는 여성들의 옷장에 있어야 할 필수 아이템"이라면서 "가까운 미래에는 인공지능 기술이 훨씬 저렴해지고 접근하기 쉬워질 것으로 보인다"라고 말했다.

음악: 전설적 아티스트의 목소리를 되살리다

수학과 음악은 닮은꼴이다. 음악의 기본인 리듬은 수학적 표기법을 사용해 설명할 수 있으며, 코드의 조합인 하모니는 수학적 비율이나 다름없다. 이런 이유로 음악에서 알고리즘을 사용한 역사는 꽤 오래전으로 거슬러 올라간다.

MIT 출신의 엔지니어 맥스 매슈스Max Mathews는 벨연구소Bell Telephone Labs에서 근무하던 1957년 처음으로 사운드 생성 프로그램인 '뮤직MUSIC'을 개발했다. 1980년~1990년대에는 UC산타크루즈 음악대학의 데이비드 코프David Cope 교수가 신경망과 규칙 기반 알고리즘을 혼합한 EMIExperiments in Musical Intelligence 시스템을 개발했다.[13] 이후 수많은 기업이 음악 산업을 재편할 인공지능을 선보였다.

음악에 쓰이는 대표적인 인공지능은 GAN이다. 한 인공지능이 음악을 꾸준히 작곡하면, 다른 인공지능이 이 음악이 사실적인지 여부를 판별하는 방식이다. 생성자와 감시자로 서로 경쟁하면서 보다 정교한 음악을 생성하는 원리다.

챗GPT 개발사인 오픈AI가 2019년 내놓은 뮤즈넷MuseNet은 초거대 인공지능인 GPT-2와 장·단기 기억 장치인 LSTMLong Short-Term Memory 네트워크를 혼합한 새로운 인공지능이다.[14] LSTM을 활용할 경우 음악을 보다 정교하게 패턴 분석할 수 있다. 사용자가 뮤즈넷에 멜로디나 코드를 입력하면 뮤즈넷이 새로운 음악을 생성한다. 특히 피아노나 기타, 드럼과 같은 다양한 악기의 소리를 생성할 수 있으며 힙합, 팝송, 클래식과 같은 수많은 장르를 만들 수 있다. 예를 들어 쇼팽의 〈녹턴〉 가운데 여섯 개의 음표를 입력한 뒤 피아노, 기타, 드럼, 베이스를 사용한 팝 스타일로 재해석을 요청할 수 있다.

오늘날에는 무수히 많은 인공지능 기반 음악 서비스가 출시되었다. 장르와 분위기, 길이와 같은 매개변수를 입력할 경우 이에 맞는 음악을 생성하는 앰퍼뮤직Amper Music이 대표적이다. 또 광고음악과 영화음악에 특화돼 있는 아이바AIVA, 팟캐스트와 미디어용 음악을 주로 생성하는 쥬크덱Jukedeck, 작곡 도우미 인공지능인 아마데우스코드Amadeus Code도 있다.

이러한 기술의 변화는 수많은 음반회사에 영감을 주었다. 특히 인공지능은 음반 회사들의 플랫폼 업데이트와 작곡 용도로 주로 쓰인다. 유니버설뮤직Universal Music은 2019년 슈퍼하이파이Super Hi-Fi와 손잡고 인공지능 기반 플랫폼을 개발했다.[15] 사용자가 사이트에 접속하면 자신이 즐겨 찾는 음악과 비슷한 음악을 추천하며 음원을 끊김 없이 재생하게 하고, 음악 볼륨을 인공지능이 컨트롤하기도 한다. 이러한 서비스 향상이 가능한 것은 슈퍼하이파이가 DJ의 전문성을 토대로 한 인공지능 특허를 보유하고 있기 때문이다.

워너뮤직Warner Music은 2018년 인공지능 음악 스타트업인 소다톤Sodatone을 통째로 인수했다. 소다톤의 기술을 활용해 뮤지션 팬들의 충성도를 평가하고 향후 음반의 성공 가능성을 측정하기 위해서였다. 특히 미국 외 시장에서 해당 음반이 얼마나 팔릴지 여부마저 예측이 가능하다.

소니뮤직Sony Music은 인공지능을 활용해 실험적인 곡들을 만들고 있다. 대표적인 음악이 유튜브에서 청취가 가능한 〈대디스 카Daddy's Car〉다. 인공지능이 작곡한 곡을 인간 아티스트가 편곡한 뒤 연주했다.

전문가들은 음악 전용 머신러닝에 챗GPT를 접목해 활용할 경우 폭발력이 배가될 것으로 보고 있다. 음악 전용 인공지능이 작곡한 것을 토대로 챗GPT가 작사할 수 있기 때문이다. 작사 전문 인공지능 스타트업인 웨이브AI Wave AI는 이미 작곡가를 위한 작사 회사인 리릭스튜디오 LyricStudio를 운영하고 있다.[16] 작곡가와 프로듀서가 주요 고객으로 지금껏 100만 곡 이상의 작업을 해왔다. 웨이브AI는 GPT를 접목하는 방안을 고민 중이다. 마야 애커만 Maya Ackerman 리릭스튜디오 CEO는 "2023년은 생성형 인공지능이 산업 전방위적으로 채택이 되는 해가 될 것"이라면서 "챗GPT의 사용 사례는 갈수록 늘어날 것이다"라고 말했다.

오늘날 음악 인공지능은 작사, 작곡, 멜로디 생성뿐 아니라 인공지능 가수가 직접 노래하는 단계로 진입하는 중이다. 텐센트 뮤직 엔터테인먼트 Tencent Music Entertainment는 인공지능 가수가 부른 1,000곡이 넘는 트랙을 발표해 세상을 놀라게 했다. 자체 개발한 '링인 엔진 Lingyin Engine'이 고인이 된 가수의 목소리를 학습해 흉내를 낸 것이다.

특히 텐센트는 영화 〈영웅본색 3〉에 출연한 무이임퐁(매염방梅艷芳)과 〈첨밀밀〉의 주제가로 유명한 〈월량대표아적심〉의 덩리쥔(등려군鄧麗君)과 같은 고인이 된 전설적 아티스트의 목소리를 활용했다. 일부 곡은 1억 스트리밍을 달성하는 기염을 토했다.

　국내에선 BTS 소속사로 유명한 하이브HYBE가 인공지능 오디오 스타트업 수퍼톤Supertone과 손잡고 고인이 된 김광석, 김현식, 유재하, 임윤택, 터틀맨의 목소리를 재현해 주목을 끌었다. 인공지능의 잠재력을 높게 본 하이브는 이후 수퍼톤에 450억 원을 투자해 지분 절반을 확보했다. 이제 작사·작곡·연주를 넘어 가창까지 인공지능이 하는 시대가 펼쳐지고 있는 것이다.

최후의 승자는
누가 될 것인가

"잠재적 시장 규모를 파악하긴 어렵지만, 우리가 확신하는 한 가지는
생성형 인공지능이 게임체인저가 될 것이라는 점이다."

앤드리슨호로위츠 파트너 맷 본스틴

생성형 인공지능 산업이 꿈틀대며 성장할 채비를 하고 있다. 단지 챗GPT를 개발한 오픈AI뿐 아니다. 스테이블 디퓨전이라는 이미지 생성 모델을 무료로 배포한 스태빌리티AI, 인공지능 콘텐츠 생성 플랫폼인 재스퍼, 머신러닝과 딥러닝 모델을 라이브러리 형태로 제공하는 허깅페이스Hugging Face에 이르기까지 그 생태계는 날로 확산 중이다.

10년 뒤 생성형 인공지능 시장은 250조 원에 육박하는 산업으로 성장할 것이라는 전망도 있다. 시장조사기관 브레이니 인사이트Brainy Insight는 시장 규모가 2022년 86억 5000만 달러에서 2032년 1886억 2000만 달러로 성장할 것으로 보고 있으며, 그랜드뷰리서치는 2030년이면 1093억 7000만 달러에 달할 것으로 전망하고 있다. 이처럼 거대 산업이 태동하는 이유는 생성형 인공지능을 둘러싼 산업 생태계가 매우 크기 때문이다.

생성형 인공지능의 산업 생태계

넷스케이프를 창업한 마크 앤드리슨이 이끄는 실리콘밸리 벤처캐피털인 앤드리슨호로위츠Andreessen Horowitz는 생성형 인공지능의 산업 영역을 크게 세 가지로 분류했다.[1] 인공지능 칩과 그 칩을 활용해 컴퓨팅 파워를 제공하는 인프라 산업, 이 컴퓨팅 파워를 활용해 생성형 인공지능을 직접 개발하는 파운데이션 모델, 다시 이 파운데이션 모델을 활용해 B2B(기업 간 기업)나 B2C(기업 간 소비자)용으로 앱과 웹을 제공하는 서비스다. 여기에서 어떤 수익 구조를 갖느냐에 따라 다시 세분화된다.

맷 본스틴Matt Bornstein 파트너는 "현재까지는 인프라 공급 회사가 시장의 승자일 가능성이 크다"면서 "앱을 제공하는 회사는 매출이 급속도로 늘고 있지만 아직 수익이 충분하지 않고, 인공지능 모델을 제공하는 업체는 수익 구조를 만들지 못한 상태"라고 진단했다. 산업이 꿈틀대는 초기 단계이기 때문에 미래를 섣불리 예단하기 힘들다는 설명이다.

생성형 인공지능 생태계의 중심에는 '파운데이션 모델'이 있다. 파운데이션 모델은 공개 여부에 따라 오픈소스 방식과 폐쇄형으로 구분할 수 있다. 오픈AI는 모델을 공개하지 않는 폐쇄형이다. 오픈AI는 2023년 2억 달러의 매출을 올릴 것으로 전망되며, 매출의 상당 부분은 프로그램과 프로그램을 연동하는 API를 기업에 제공해 벌어들일 것으로 보인다. 기업들은 모델 알고리즘은 알 수 없지만 API를 활용해 응용 프로그램을 개발할 수 있다.

맷 본스틴은 "앞으로 오픈AI를 활용해 더 많은 킬러 앱이 나타날 것"이라면서 "챗GPT의 엄청난 사용을 고려할 때 오픈AI는 대규모 비즈니스가 될 가능성이 충분하다"고 설명했다. 물론 폐쇄형 파운데이션 모델 시장을 오픈AI가 독점할지 여부는 좀 더 지켜봐야 한다. 현재 앤스로픽, 코히어Cohere, 캐릭터닷AI Character.AI와 같은 경쟁자가 등장한 상태다.

파운데이션 모델 사업이 오픈AI 같은 폐쇄형일 필요는 없다. 이미지 생성 인공지능 산업의 획을 그은 스태빌리티AI는 월 구독료를 받고 소비자를 상대로 직접 드림스튜디오Dream Studio라는 유료 서비스를 제공하고 있지만, 자신들이 개발한 스테이블 디퓨전 모델은 오픈소스로 공개했다. 스태빌리티AI가 개방형 전략을 추가한 것은 이 같은 방식을 통해 더 빠른 속도로 생태계를 장악할 수 있어서다. 오픈소스를 공개하더라도 저작권은 엄연히 존재하며 사용 기업들은 이 라이선스를 반드시 준수해야 한다. 오픈소스를 사용하는 기업을 상대로 한 컨설팅 사업도 가능하다.

오픈소스 생태계는 독특한 비즈니스 모델을 만들어냈다. 바로 모델 허브 비즈니스다. 스테이블 디퓨전이 오픈소스로 제공되더라도 일반 기업이 이를 활용해 서비스를 개발하는 것은 쉬운 일이 아니다. 하지만 허깅페이스와 같은 모델 허브를 활용하면 비교적 쉽게 구축할 수 있다.

허깅페이스는 다양한 모델과 학습 스크립트를 모아 놓은 라이브러리 서비스를 제공하고 있다. 레고를 생각하면 이해가 쉽다. 오픈소스 모델이 개별 레고 블록이라고 한다면, 허깅페이스는 이를 색상과 모양별로 모아둔 상자라고 할 수 있다.

인공지능 알고리즘을 개발하고 직접 소비자를 상대하는 엔드투엔드End-to-End 방식의 비즈니스 모델 역시 존재한다. 이미지 생성 인공지능을 개발한 미드저니는 월 10달러를 받고 약 200개 안팎의 이미지를 생성할 수 있는 크레딧을 소비자에게 판매한다.

파운데이션 모델을 떠받치고 있는 것은 클라우드 컴퓨팅과 인공지능 반도체 산업이다. 오픈AI가 챗GPT를 개발하더라도 이를 구동할 물리적 공간이 필요하며 직접 서버를 구축할 수 없다. 앤드리슨호로위츠는 생성형 인공지능 시장의 매출 가운데 클라우드 컴퓨팅 업계가 차지하는 비중을 약 10~20퍼센트라고 분석한다. 대규모 기반 시설 투자가 필요하기 때문에 일반 기업이 쉽게 뛰어들기 어려워 시장의 규모가 크고 독점적이다. 그렇다 보니 빅테크 기업들의 전쟁터가 될 수밖에 없다.

아마존 AWS(34퍼센트), 마이크로소프트 애저Azure(21퍼센트), 구글 클라우드(11퍼센트)가 시장을 분산 점유하고 있으며,[2] 오라클 같은 또 다른 빅테크 기업이 경쟁에 가세했다. 아울러 클라우드 컴퓨팅을 구동하려면 데이터센터용 GPU가 반드시 필요하다. 생성형 인공지능 생태계의 최하단부에는 엔비디아와 같은 반도체 기업이 존재한다. 시장조사기관인 IDC에 따르면, 기업용 GPU 시장에서 엔비디아의 점유율은 91.4퍼센트에 이를 만큼 절대적이다.

최종 서비스 기업이 어떤 성장 곡선을 그릴지는 좀 더 두고 봐야 한다. 앤드리슨호로위츠에 따르면, 생성형 인공지능 산업의 총마진(매출 총이익)은 약 50~60퍼센트에 이를 것으로 추정된다. 향후 대규모 고객을 확보한 기업과 그렇지 않은 기업의 미래가 엇갈릴 것이며, 승기를 거머쥔 기업은 고객이 고객을 소개하는 네트워크 효과를 통해 성장에 성장을 거듭할 것이다.

마이크로소프트: 오픈AI에 올라타다

실리콘밸리에서 벌어진 전쟁에서 현재 승기를 거머쥔 빅테크 기업은 마이크로소프트다. 마이크로소프트는 글로벌 빅테크 기업의 대명사인 'FAANG(페이스북·애플·아마존·넷플릭스·구글)'에 이름을 올리지 못할 정도로 디지털 전환 시대에 존재감이 약해진 상태였다. 하지만 챗GPT 개발사인 오픈AI에 올라타면서 상황이 급변했다.

마이크로소프트는 오픈AI에 100억 달러를 추가 투자하고 이를 자사 서비스 전체로 확대 도입하겠다고 선언했다. 사티아 나델라 CEO는 2023년 1월 스위스 다보스에서 열린 세계경제포럼에 참석해 이 같은 청사진을 공개했다. 나델라 CEO는 "지식 산업에 종사하는 사람들은 인공지능으로 인해 일자리를 잃어버릴 수 있다는 두려움을 갖기보다 새로운 도구를 수용하는 데 익숙해져야 한다"고 강조했다.

마이크로소프트는 가장 먼저 챗GPT를 검색엔진 '빙'에 탑재했다. 검색엔진의 시장 규모는 1200억 달러로 추정된다. 스태티스타에 따르면 2022년 12월 기준 검색엔진 시장점유율은 구글이 84퍼센트로 절대적이고, 그다음 마이크로소프트의 빙

이 8.9퍼센트, 야후 2.6퍼센트, 얀덱스Yandex 1.5퍼센트, 덕덕고 DuckDuckGo 0.8퍼센트, 바이두Baidu 0.6퍼센트 순이다.[3] 아직까지는 구글의 위상이 절대적이다.

투자자들은 구글을 골리앗, 마이크로소프트를 다윗에 비유했다. 나델라 CEO는 이에 대해 미국 IT매체 《더 버지》와의 인터뷰에서 "구글은 상당한 격차를 두고 검색엔진 시장을 지배해왔다"면서 "하지만 이제는 여러 개의 검색엔진으로 광고주는 더 많은 수익을, 사용자는 더 큰 혁신을 누릴 수 있게 될 것"이라고 강조했다.

빙 챗봇은 챗GPT에서 한 단계 업데이트됐다.[4] 챗GPT가 2021년 이후 사실에 대해선 알려주지 않지만, 빙 챗봇은 검색 사이트를 훑어 출처까지 인용해 요약·정리해준다. 예를 들어 2023년 가장 인기 있는 스마트폰이 무엇인지 묻는다면, 삼성전자와 아이폰의 최신 정보를 나열한다. 여기에 챗GPT의 기본 기능마저 담고 있다.

더 나아가 마이크로소프트는 빙 챗봇에 오픈AI의 이미지 생성 인공지능인 달리를 탑재했다. '빙 이미지 크리에이터'라고 명명된 이 기능은 이미지를 생성해달라고 요청하면, 오픈AI의 달리가 곧바로 그림을 그려주는 방식이다. 또 인공지능이 생성한 인포그래픽과 차트 등을 사용할 수 있도록 비주얼 스토리와 지식 카드와 같은 새로운 기능마저 추가했다.

이처럼 마이크로소프트가 GPT를 탑재한 이유는 구글을 단숨에 추격하기 위해서다. 다만 복병도 있다. 빙 챗봇은 전 세계 100만 명을 상대로 우선 공개됐다. 모든 사용자에게 공개할 경우 서버 비용을 감당할 수 없어서다. 시장이 확대되는 모습을 보면서 서서히 대상을 늘리겠다는 전략이지만, 추격에 상당한 시일이 소요될 것이라는 점을 시인한 것이다.

빙 챗봇 사용 대기리스트에 이름을 올리기 위해서는 마이크로소프트의 지시를 따라야 한다. 윈도우를 업데이트해 검색엔진 기본값을 구글에서 빙으로 바꿔야 하며, 웹브라우저인 엣지를 업데이트해야 한다. 시장에서는 마이크로소프트의 이러한 전략이 당장 통했다는 평가가 나왔다. 빙 챗봇을 도입한 이후 빙의 일간 활성 사용자DAU는 1억 명을 돌파했다. 2009년 빙이 출시한 이래 처음이었다. 특히 빙 챗봇 이용자의 3분의 1은 빙을 처음 사용하는 신규 사용자였다.

마이크로소프트가 막대한 자본을 투자해 빙 챗봇을 개발한 이유는 디지털 광고 때문이다. 검색 광고 시장에서 점유율이 1퍼센트 상승할 때마다 디지털 광고 수익은 약 20억 달러가 증가하는 것으로 알려졌다. 마이크로소프트는 이에 그치지 않고 웹브라우저 시장 저변을 넓혀나가고 있다.

검색엔진이 웹사이트라면 웹브라우저는 이를 구동하는 프로그램이다. 웹브라우저 시장을 장악하면, 이용자의 인터넷 이용 데이터를 손쉽게 얻을 수 있을 뿐 아니라 자사의 검색엔진으로 유도하기가 수월하다. 이 시장은 한때 마이크로소프트의 인터넷 익스플로러가 대부분을 차지했지만, 현재는 구글의 크롬이 60퍼센트를 차지하고 있다. 엣지의 점유율은 고작 10퍼센트 남짓이다.

마이크로소프트는 수많은 영역에 걸쳐 빠른 속도로 GPT를 접목하고 있다. 사티아 나델라는 '인공지능과 근무의 미래'라는 온라인 이벤트를 열고 생성형 인공지능 코파일럿을 워드·파워포인트·엑셀 등 사무용 서비스에 탑재한다고 밝혔다.

이날 마이크로소프트는 몇 가지 시연을 했다. 전일 채팅 결과를 요약하고, 사업 위험 요소에 대해 브레인스토밍을 하며, 일정을 생성하고, 파워포인트 스타일을 인공지능으로 지원했다. 마이크로소프트는 현재 약 20개 기업을 대상으로 테스트하고 있다고 덧붙였다. 하지만 이 기능이 언제 탑재될지, 가격은 얼마일지에 대해서는 구체적인 정보를 제공하지 않았다.

클라우드 서비스 애저에도 챗GPT가 장착되었다. 개발자들은 애저를 통해 인공지능을 보다 손쉽게 사용할 수 있다. 아울러 기업용 챗봇 업데이트, 콜센터 대화 요약, 광고 문구 작성 등 다양한 영역에서 활용할 수 있도록 했다. 이뿐인가. 화상회의 협업 툴인 MS팀즈MS Teams에도 챗GPT를 접목해 회의 내용을 요약해주고 맞춤형 하이라이트의 자동 생성을 지원한다. 이러한 마이크로소프트의 공세는 수많은 후발 주자에 자극을 주고 있으며, 시장에서는 마이크로소프트가 인공지능으로 일하는 방식을 바꾸고 있다고 평가한다.

글로벌 브라우저 시장에서 6위를 차지하는 오페라Opera는 챗GPT를 통합한 '인공지능 생성 콘텐츠AIGC, AI-Generated Content 서비스'를 선보였다.[5] 브라우저창에 '축약shorten' 검색 기능을 도입했고, 원하는 정보를 입력하고 '축약' 버튼을 누르면 챗GPT창이 팝업 형태로 튀어나오는 방식이다. 이를 통해 원하는 정보를 깔끔하게 요약·전달 받을 수 있다.

구글: 챗GPT에 맞설 바드를 만들다

마이크로소프트의 공세에 검색엔진 시장의 제왕인 구글은 수세에 몰렸다. 2022년 구글의 매출액은 760억 4800만 달러 규모로, 이 가운데 광고 비중은 80퍼센트에 육박할 정도로 절대적이다. 구글에 있어서 인공지능 전쟁은 단순히 기술 경쟁이 아닌, 생존의 위협이 된 것이다. 이에 구글은 사내에 적색경보인 '코드 레드code red'를 발령한 상태다.[6]

구글은 모든 서비스에 인공지능을 도입하겠다는 담대한 목표를 세웠다. 마이크로소프트의 인공지능 바람을 인공지능으로 잠재우겠다는 각오다. 전격적으로 내놓은 것은 시인이라는 뜻을 지닌 인공지능 챗봇 '바드Bard'다.[7] 바드는 파라미터 수가 1370억 개에 달하는 초거대 인공지능 람다LaMDA, Language Model for Dialogue Applications를 근간으로 한 생성형 인공지능이다. 30억 개에 달하는 문서와 11억 개의 대화를 학습했다. 챗GPT처럼 프롬프트에 원하는 내용을 입력하면 답변을 한다.

구글은 오늘날 10억 명 이상이 사용하는 빅테크 기업으로 작은 실수마저 큰 사건으로 사용자에게 인식된다. 마이크로소프트의 빙 챗봇 역시 몇 차례 실수를 했지만, 구글 바드의 실수가 더 도드라지는 이유다. 바드 역시 거짓 정보를 말하는 '환각 현상'을 보였다. "아홉 살 어린이를 상대로 '제임스 웹 우주망 원경James Webb Space Telescope'의 새로운 발견에 대해 어떻게 설명 해줄 수 있을까"라는 질문에 대해 바드는 "제임스 웹 우주망원 경이 태양계 밖의 행성에 대한 최초의 사진을 찍는 데 사용됐 다"라고 답한 것이다. 외계 행성 이미지를 촬영한 첫 우주망원 경은 2004년 유럽남방천문대가 설치한 초거대 망원경 VLTVery Large Telescope으로 명백한 오류였다. 이 사태로 구글 주가는 하루 새 7퍼센트 이상 급락했다.[8] 큰 충격이었다.

이후 구글은 업데이트를 거듭해 마침내 자사의 블로그를 통해 바드를 일반에 공개한다고 발표했다. 마이크로소프트의 빙 챗봇처럼 미국과 영국 거주자 중 신청을 받는 방식이다. 홈페이지(bard.google.com)에 접속해 대기자 명단에 이름을 올리면 이후 승인을 받고 사용할 수 있다. 바드는 바드의 결과가 마음에 들지 않으면 검색에서 다시 확인할 수 있도록, '구글링해봐 Google It'라는 버튼을 달았다. 인공지능 답변이 부족하거나 미심 쩍다면 곧바로 구글 검색을 해보라는 메시지다.

앞으로 구글은 구글 독스, 지메일, 구글 시트, 구글 슬라이드에 생성형 인공지능을 탑재한다고 발표했다. 마이크로소프트가 자사 플랫폼 전체에 오픈AI 챗봇을 탑재하는 것에 대응하는 전략이다. 시장에서는 지메일을 가장 눈여겨보고 있다. '답장을 도와달라'고 입력하면, 지메일에 프롬프트가 등장하고 메일을 자동 생성할 수 있다. 문체도 지정할 수 있는데, 세련된 표현이나 보다 격식 있는 표현이 가능하다.

다만 구글의 인공지능 전략은 마이크로소프트와 달리 포괄적이다. 대표적인 것이 3D뷰다. 종전 메타버스 지도인 '몰입형 뷰immersive view'에 인공지능을 접목해 식당 내부나 유명 도시 랜드마크 등을 3D로 보여주고 마치 현장에 있는 것처럼 느낄 수 있도록 하는 시도가 이어지고 있다. 콘텐츠 크리에이터를 위해 유튜브 배경 동영상을 인공지능으로 즉석에서 만들 수 있도록 하는 연구 역시 활발하다.

마이크로소프트의 추격에 맞서 스타트업과도 적극적으로 협업하고 있다. 우선 계열사인 딥마인드를 통해 '스패로우Sparrow'라는 생성형 인공지능을 개발했으며, 오픈AI의 경쟁사인 앤스로픽에 3억 달러를 투자했다. 월스트리트의 투자자들은 앤스로픽이 오픈AI 출신의 연구원이 설립한 스타트업인 점을 눈여겨보고 있다. 구글의 인공지능은 오픈AI처럼 폐쇄형 파운데이션 모델이 될 가능성이 크다. 구글의 CEO 순다르 피차이Sundar

Pichai는 "람다로 구동되는 생성형 인공지능을 API로 사용할 수 있을 것"이라고 이를 시사하기도 했다.

메타: 오픈소스로 단숨에 추격하라

디지털 광고 시장에서 메타는 구글과 함께 듀오폴리Duo-poly로 불린다. 두 기업이 나란히 광고 시장을 점유하고 있다는 뜻이다. 인터넷 매체 악시오스Axios에 따르면, 2022년 미국 디지털 광고의 시장점유율은 구글 28.8퍼센트, 메타 19.6퍼센트로 두 기업이 장악하고 있다. 마이크로소프트의 공세는 메타에도 큰 변수일 수밖에 없다.

메타 역시 인공지능 개발에 사활을 건 상태다. 앞서 마크 저커버그 메타 CEO는 "연구자들의 연구 발전을 돕도록 설계된 '라마LLaMA'라는 새로운 최첨단의 대규모 언어 모델을 출시한다"면서 "라마는 문장을 생성하고 대화를 나누고 작성된 자료를 요약하는 것은 물론, 수학 문제를 풀거나 단백질 구조를 예측하는 등 보다 복잡한 작업에서도 많은 가능성을 보여주는 인공지능"이라고 강조했다.

메타의 초거대 인공지능 '라마'는 파라미터 수가 최대 650억 개다.[9] 이는 GPT-3.5 1750억 개, 구글 람다 1370억 개에 비해 적은 숫자지만, 발 빠른 대응이 아닐 수 없다. 현재 라마 개발은 메타의 부사장 겸 수석 AI 과학자인 얀 르쿤Yann LeCun이 이끌고 있다.

메타 역시 구글처럼 모델을 섣불리 공개하지는 않고 있다. 2022년 11월 챗GPT에 맞불을 놓고자 인공지능 챗봇 갤럭티카Galactica를 공개한 뒤 곤욕을 치른 학습 효과가 있기 때문이다.[10] 당시 갤럭티카는 가짜 정보 생성은 물론 혐오적 표현을 사용해 논란을 불러일으켰다. 현재는 연구자들을 대상으로만 라마의 사용 신청을 받고 있다. 연구용으로 고안된 만큼 일반 사용자에겐 공개하지 않는 것이다. 메타의 라마가 오픈AI의 GPT나 구글의 람다에 비해 우수한 분야는 상식 추론으로 꼽힌다. 인공지능은 학습을 하지 않은 데이터를 물어볼 경우 논리에 맞지 않는 가짜 정보를 생성하기 쉬운데, 라마는 상식 추론 능력이 이들보다 뛰어나다는 평가다.

투자자들이 주목하는 것은 메타가 생성형 인공지능 산업에서 오픈소스 비즈니스 모델을 채택했다는 점이다. 후발 주자로서 생태계를 더욱 빠르게 장악하고자 무료 공개 전략을 수립한 것이다. 저커버그는 "언어 모델의 발전에도 이를 학습시키고 실행하는 데 필요한 자원의 한계로 완전한 연구는 여전히 제한적"이라며 "이런 제한된 접근은 인공지능 모델의 편향성, 유해성, 잘못된 정보 생성 등의 문제를 완화하려는 연구자들의 노력을 방해한다"고 설명했다. 더 많은 이가 메타의 인공지능을 활용할 수 있도록 하겠다는 메시지다.

메타가 라마의 개발을 완료하면 소셜미디어 역시 크게 탈바꿈할 것으로 보인다. 저커버그는 앞서 "생성형 인공지능에 초점을 맞춘 최상위 제품 그룹을 만들고 있다"고 강조한 바 있다. 생성형 인공지능을 연구하는 팀을 단일 팀으로 구성하고 모든 제품을 인공지능 기반으로 업데이트하겠다는 구상이다. 페이스북, 인스타그램, 왓츠앱WhatsApp 등에 라마 기반 챗봇이 탑재될 가능성을 시사하는 대목이다.

애플: 생태계를 독점한 자의 선택

시가총액 1위 기업 애플은 혁신의 상징이다. PC 시대를 주도했고 이후 스마트폰의 시대를 열었다. 2011년 아이폰에 처음

195

탑재한 음성인식 비서 시리 역시 혁신의 아이콘이었다. 하지만 애플은 생성형 인공지능 시대가 성큼 찾아왔음에도 어떠한 전략도 발표하지 않고 있다. 사티아 나델라 마이크로소프트 CEO는 "음성비서는 바위처럼 멍청하다"라고 조롱까지 했는데 말이다. 이러한 침묵에 애플이 '생성형 인공지능 군비 경쟁'에서 뒤처졌다는 평가까지 실리콘밸리에서 나오고 있다.[11]

비전을 내놓지 않고 있다고 해서 애플이 인공지능을 무시하는 것은 아니다. 아이폰 카메라, 애플 워치, 시리 등 애플 서비스는 생성형은 아니지만 이미 인공지능 위에 서 있다. 애플의 CEO 팀 쿡Tim Cook 역시 "인공지능이 우리가 가진 모든 제품, 모든 서비스에 영향을 준다"고 설명했다. 이에 대해 투자회사 웨드부시Wedbush Securities의 분석가인 댄 아이브스Dan Ives는《비즈니스 인사이더》와의 인터뷰를 통해 "빅테크 기업 간 인공지능 군비 경쟁이 벌어지고 있다"며 "구글과 마이크로소프트의 움직임은 애플이 인공지능 전략을 수정하는 데 시간을 주지 않고 있다"라고 말했다.[12]

지금까지 애플은 게임체인저로 군림했다. 성능 향상 군비 경쟁에는 섣불리 뛰어들지 않았다. 이러한 면모에 실리콘밸리에서는 여러 추측마저 내놓고 있다. 애플은 이미 인공지능 개발에 100억 달러를 투자한 상태인데, 2023년 2~3분기에 인공지능에 관련된 중대 발표가 있을 것이라는 소문이다. 마이크로소프트와 구글이 실패를 거듭하는 것을 보면서 보다 완벽한 제품을 시장에 내놓을 것이라는 기대감인 것이다.

현재 가장 설득력 있는 시나리오는 애플이 개발한 인공지능을 현재 수준에서 대대적으로 업데이트하는 것이다. 애플의 음성비서인 시리는 아마존 알렉사Amazon Alexa나 구글 어시스턴트에 비해 성능이 뒤처져 있다는 평가를 받고 있다. 또 인공지능 기반 애플 워치 역시 오경보를 내기도 한다. 다만, 애플은 하드웨어를 유통해야 한다는 점에서 구글·메타·마이크로소프트와는 비즈니스 전략이 다를 수밖에 없다. 생성형 인공지능보다는 당장 공급망 문제를 해결하는 것이 더 중요한 이슈다.

또 다른 변수는 애플이 갖고 있는 시장 통제력이다. 전 세계 스마트폰 운영체제 시장에서 애플 iOS는 27.7퍼센트를 차지하고 있다. 구글 안드로이드보다 넓은 생태계는 아니지만 마음만 먹으면 얼마든지 생성형 인공지능 서비스를 통제할 수 있다. 대표적인 사례로는 블릭스Blix의 블루메일BlueMail 서비스 차단이다. 애플은 챗GPT를 기반으로 한 블루메일 업데이트 버전의 등록을 차단해 테크 업계의 시선을 끌었다.[13]

블릭스는 기존 메일 내용과 캘린더에 저장된 이벤트를 토대로 자동으로 이메일을 작성할 수 있는 새로운 서비스를 선보였지만, 애플은 콘텐츠 필터링 기능이 없다며 업데이트 승인을 거절했다. 벤 볼라흐Ben Volach 공동창업자가 "블루메일은 이미 콘텐츠 필터링 기능을 갖추고 있으며 애플 측 요구는 부당하다"고 반박하면서 사태는 일단락됐지만, iOS 생태계에서 애플의 독점적 지위를 보여주는 장면이었다.

테슬라: 오픈AI의 경쟁자를 만들 것인가

테슬라를 이끌고 있는 일론 머스크만큼 인공지능의 미래에 대해 깊이 생각해본 인물은 없을 것이다. 머스크는 오픈AI의 창업을 주도했지만 오픈AI와 인공지능을 개발하는 테슬라 사이에 이해충돌 문제가 발생하자 2018년 오픈AI 이사진에서 물러나고 주식 역시 모두 매각했다. 이제 머스크는 다른 꿈을 꾸고 있다. 바로 오픈AI에 대항할 새로운 회사를 만드는 구상이다. 《로이터》에 따르면, 2023년 2월 머스크는 구글 딥마인드 출신이자 오픈AI 연구원으로 활동하고 있는 이고르 바부슈킨Igor

Babuschkin을 만났다.[14] 이에 대해 바부슈킨은 "결정된 것이 없다" 고 밝혔지만, 외신들은 머스크가 바부슈킨과 새로운 인공지능 기업을 설립할 것이라는 추측을 내놓았다.

인공지능에 대한 머스크의 철학은 오픈AI에도 고스란히 녹아 있다. 머스크는 앞서 "챗GPT를 통해 우리는 인공지능이 얼마나 발전했는지 알 수 있다"면서 "다만 인공지능이 자동차, 비행기, 의약품 등의 규제 안전 표준을 준수해야 하지만 아직 개발을 통제하는 규칙이나 규정이 없다"라고 지적했다. 오픈AI 역시 스스로 인공지능에 대한 사회적 규제가 필요하다고 강조했는데, 정확히 일맥상통한다. 이처럼 인공지능을 규제해야 한다는 믿음은 역설적으로 인공지능을 통해 인간 지능을 강화해야 한다는 믿음으로 이어졌다.

머스크는 향후 스스로 학습하고 스스로 발전하는 인공 일반 지능이 출현할 경우 인류가 도태될 것이라고 강조한 바 있다. 인공 일반 지능은 특수 인공지능과 달리 스스로 수익을 창출해 사람의 도움이 필요 없기 때문이다. 때문에 그가 구상한 것은 인간이 인공지능을 통해 스스로 강화하는 방법이다. 그가 오픈 AI를 공동창업할 무렵인 2016년 뉴럴링크Neuralink라는 또 다른 회사를 설립한 이유다. 뉴럴링크를 통해 뇌에 이식할 수 있는 장치를 만들고 인간이 생각만으로 컴퓨터·기계와 직접 통신할 수 있도록 하겠다는 담대한 구상이었다. 강한 인공지능의 태동으로 인간의 위협에 처할 테니 인공지능으로부터 우위에서 밀리지 않도록 인간의 지능을 인공지능을 사용해 증강시키겠다는 구상이다.

인공지능은 테슬라에도 반드시 필요한 기술이다. 머스크가 오픈AI를 공동창업하기 직전인 2014년, 테슬라는 첨단 운전자 지원 시스템ADAS, Advanced Driver Assistance Systems인 오토파일럿을 공개했다. 인공지능을 활용해 카메라 센서 등 각종 데이터를 실시간 처리하고 자율주행차를 조종하는 방안이었다. 차선을 자동으로 변경하고, 고속도로에서 길을 찾으며, 자동으로 주차할 수 있고, 배터리 성능을 최적화하는 테슬라 차량의 힘은 곧 인공지능의 힘이다. 테슬라는 인공지능이 분석하고 수집한 데이터를 생산 능력 향상에도 사용하고 있다. 데이터를 분석해 차체를 공기 역학적으로 디자인하고 인도된 차량의 품질을 실시간 모니터링해 차량의 상태를 관찰한다.

하지만 머스크는 2023년 3월 텍사스에서 열린 '투자자의 날'에서 인공지능이 테슬라 제조에는 도움이 안 된다고 말해 주변을 당혹스럽게 했다. 그는 "인공지능이 나를 스트레스 받게 한다"면서 "언제일지 모르는 어느 시점이 되면 우리는 일할 이유가 없게 될 것이다. 다시 말해 회사는 노동자를 고용할 이유가 없게 된다"라고 잘라 말했다.[15] 하지만 이를 액면 그대로 믿는 투자자는 없었다.

아마존: 허브 모델 시장을 장악하라

아마존은 전자상거래뿐 아니라 클라우드 컴퓨팅 시장에서도 지배적인 사업자다. 스태티스타의 조사 결과에 따르면, 아마존 AWS의 점유율은 34퍼센트로 경쟁업체에 비해 압도적으로 높다.[16] 클라우드는 아마존의 1등 공신이다.

아마존의 2022년 영업이익은 120억 달러 규모인데 대다수 AWS에서 나오고 있다. 전자상거래에서 일정 부분 적자를 내더라도 클라우드 서비스로 이를 만회하는 것이다. 하지만 마이크로소프트가 클라우드 서비스인 애저에 챗GPT를 탑재하자, 아마존 내에 비상이 걸렸다. 이런 위기감 속에서 틈새를 찾아 공략한 것이 바로 모델 허브 스타트업들과 손을 잡는 것이었다.

사실 수많은 인공지능 기업이 오픈소스를 활용해 서비스를 개발하더라도 그 과정이 쉽지는 않다. 때문에 모델 허브 기술이 주목을 받는다. 다양한 모델과 학습 스크립트를 모아 놓은 라이브러리를 제공해 수많은 기업이 마치 레고 블록을 조립하듯 서비스를 개발하도록 하는 비즈니스다. 아마존은 정확히 이점을 공략해 이 분야 최강자인 허깅페이스와 손을 잡았다.[17] 허깅페이스 역시 대규모 서비스를 제공하려면 클라우드가 필요했다. 허깅페이스의 CEO 클레망 드랑그Clement Delangue는 "아마존과 긴밀히 협력하고 있고 이미 1,000명에 달하는 공통 고객을 확보한 상태"라고 강조했다. 허깅페이스는 아마존이 보유한 10만 명에 달하는 기업 고객을 상대로 인공지능 서비스를 제공한다는 구상이다.

이러한 전략적 파트너십은 마이크로소프트가 오픈AI를, 구글이 앤스로픽을 각각 선택한 가운데 이뤄져 주목을 받았다. 아마존이 오픈소스 생태계에 집중하는 장면은 또 있다. 아마존 AWS는 이미지 생성 인공지능의 획을 그은 스태빌리티AI, 그리고 오픈AI와 직접적인 경쟁관계에 있는 이스라엘 인공지능 개발사인 AI21 랩과 계약을 맺었다.[18] 이에 대해 스와미 시바수브라마니안Swami Sivasubramanian AWS 부사장은 "단 하나의 모델이 세계를 지배해서는 안 된다"며 "개발자들은 다양한 선택권을 갖고 있어야 한다"고 지적했다.

세일즈포스: 오픈AI와 손잡는 정공법을 택하다

글로벌 SaaS 빅테크 기업 세일즈포스도 마이크로소프트의 공격에 긴장하고 있다. 세일즈포스는 기업용 SaaS 업계의 강자로 꼽힌다. 마크 베니오프Marc Benioff 세일즈포스 창업자는 애플의 인턴을 거친 오라클 경영진 출신으로 실리콘밸리에서는 스티브 잡스의 수제자로 통한다. 그는 1999년 세일즈포스를 창업할 당시 잡스를 만나 조언을 구했고, 이에 잡스는 세 가지 조언을 건넸다. "2년 만에 10배 성장할 시장을 먼저 찾고, 대규모 고객을 잡아야 하며, 앱 경제를 구축하라."

베니오프가 눈여겨본 것은 인터넷 시대를 맞아 등장할 구독경제 모델이었다. CD에 소프트웨어를 담아 파는 것이 아니라, 앱스토어처럼 각종 프로그램을 내려받을 수 있는 비즈니스였다. 세일즈포스는 이러한 전략을 기반으로 B2B용 소프트웨어로만 838억 달러의 매출을 올리며 무섭게 성장했다.

오늘날 세일즈포스는 고객관계관리CRM 분야의 강자다. 스태티스타에 따르면, CRM 시장에서 세일즈포스 점유율은 23.8퍼센트로 SAP 5.4퍼센트, 마이크로소프트 5.3퍼센트, 오라클 5.1퍼센트, 어도비 3.8퍼센트보다 압도적으로 높다. 이런 가운데 마이크로소프트가 CRM 서비스에 챗GPT를 접목하면서 비상이 걸렸고, 세일즈포스는 정공법을 택했다. 오픈AI의 GPT를 연동해 그 이상의 서비스를 구현하는 전략이다. 새로운 인공지능 서비스 명칭은 '아인슈타인GPT'다.[19]

아인슈타인GPT는 프롬프트에 문장을 입력하면 요약, 개인 이메일, 마케팅 코드 등을 생성한다. 또 기업이 캠페인에 사용할 수 있도록 이미지도 만들어낼 수 있다. 특히 공공 정보나 세일즈포스 등에서 각종 데이터를 불러낼 수 있으며, 각 기업이 자체 데이터를 이용해 자사만의 아인슈타인GPT를 훈련할 수 있도록 했다. 앞서 인수한 메신저형 협업 툴 슬랙Slack을 위한 챗GPT 앱도 출시한다. 챗봇은 슬랙에서 대화를 요약하고 답장을 쓰고 사용자가 주제를 조사하도록 지원한다.

마이크로소프트와의 차별화도 잊지 않았다. 빙 챗봇이 거짓 정보를 생성하는 이른바 '환각 현상'을 만드는 것을 보고, 아인슈타인GPT는 인공지능이 생성한 답변을 이용자가 사용하기 전에 확인하는 절차를 추가하기로 했다. 클라라 쉬Clara Shih 세일스포스 총괄매니저는 "이번 발표는 기업의 수요에 부응한 것"이라며 "기업들이 고객과 소통 방식을 재정립하는 데 생성형 AI가 도움을 줄 것"이라고 설명했다.

바이두: 중국판 챗GPT는 성공할 것인가

바이두는 중국에서 가장 인기 있는 검색엔진 서비스로 검색엔진 외에도 온라인 광고, 클라우드 스토리지, 온라인 동영상 등 다양한 비즈니스를 운영하고 있다. 바이두는 2023년 3월 16일 베이징에서 중국판 챗GPT인 '어니봇Ernie Bot'을 공개했다.[20] 바이두의 어니봇 공개 소식은 미국의 규제로 고급 반도체 수입이 막혀 개발에 어려움을 겪고 있는 가운데 나온 결정이어서 테크 업계의 큰 시선을 받았다.

어니봇은 초기에는 영어와 중국어 모두 우수한 성능을 보이는 데 중점을 두고 개발이 진행되었으나 현재는 중국어에 집중하는 상황이다. 《월스트리트저널》은 "바이두가 어니봇 출시를 서두르는 이유는 중국 내 다른 기업들이 비슷한 제품을 서두르고 있기 때문"이라며 "중국 시장을 선점하기 위한 계산된 도박"

이라고 설명했다. 바이두는 출시 전부터 약 400개 기업에 서비스를 공급하기로 합의를 한 상태다. 어니봇이 성공할 경우 미국에 밀린 중국 빅테크 기업이 다시 글로벌 기업 무대에 우뚝 설 수 있는 계기가 될 것이다.

바이두의 리엔훙李彦宏 CEO는 "어니봇을 검색엔진은 물론 자율주행 차량 클라우드 서비스에 통합할 것"이라고 강조했다. 다만 문제는 중국 정부다. 바이두의 어니봇이 중국 정부를 비판하거나 정치적으로 민감한 대답을 내놓을 경우 영향을 받지 않을 수 없다는 평가가 나온다.

LG: 전문가형 인공지능 엑사원

LG는 국내 초거대 인공지능 산업의 중심에 있다. 필자가 2022년 7월 인터뷰한 김승환 LG AI연구원 비전랩장은 "텍스트와 이미지를 양방향으로 전환할 수 있도록 한 것은 LG가 처음"이라면서 "인간과 경쟁하는 인공지능이 아닌, 인간에게 도움을 주고 영감을 주는 인공지능을 개발하는 것이 LG 연구원의 목표"라고 설명했다.[21] LG의 초거대 인공지능 엑사원EXAONE,

Expert AI for everyone은 3000억 개의 파라미터로 훈련시켜 주변의 이목을 끌었다. GPT-3.5가 1750억 개인 점을 고려할 때 70퍼센트 이상 성능이 뛰어나다는 설명이다.

김 랩장은 기자들을 상대로 엑사원을 시연했다. "동화책 삽화 스타일의 산 그림을 그려줄래"라고 입력하자 그림을 그리고, 반대로 그림을 업로드하자 인공지능이 캡션(그림 설명)을 달았다. 문장 하나를 입력하면 이를 7분 만에 그림 256장으로 바꿔준다. 엑사원은 이미지 화질을 높여주는 이른바 '업스케일' 기술을 토대로 가로세로 2,048화소까지 이미지를 생성할 수 있다. 챗GPT 등장 이후 LG는 엑사원을 한 차례 더 업데이트해 GPU 사용량은 줄이고 추론 속도는 높였다.

엑사원은 IT, 금융, 의료, 제조, 통신 등 여러 분야 산업 데이터까지 학습하고 있다는 장점을 갖추고 있다. 문헌 학습을 토대로 보다 전문적인 답변이 가능하다는 설명이다. 관건은 LG가 이를 어떤 비즈니스 모델로 사용할지 여부다. 일단은 계열사와 파트너사에 제공한다는 계획을 세운 상태다.

네이버: 한국판 챗GPT를 꿈꾸다

우리에게 챗GPT의 최대 단점은 한국어 능력이다. 영어 문장을 입력하면 제대로 된 답변을 내놓지만, 한국어 문장을 입력하면 그릇된 답변을 내놓기 일쑤다. 이는 한국어로 된 데이터를 제대로 학습하지 못했기 때문이다. 네이버는 이 같은 약점을 공격할 태세를 하고 있다. 챗GPT보다 한국어를 6,500배 더 많이 학습한 초거대 인공지능 '하이퍼클로바X HyperCLOVA X'와 이를 기반으로 한 챗봇 '서치GPT SearchGPT'가 그것이다.[22]

네이버는 먼저 서치GPT를 시장에 선보이고 이어 하이퍼클로바X를 공개할 예정이다. 김유원 네이버클라우드 대표는 개발자 콘퍼런스인 '데뷰 2023 DEVIEW 2023'에서 "초거대 인공지능 기술을 확보한 기업만이 생존할 수 있다"면서 "2021년 국내 최초로 나온 초거대 인공지능 '하이퍼클로바'를 좀 더 발전시킨 '하이퍼클로바X'를 준비하고 있다"고 설명했다. 네이버는 하이퍼클로바X를 토대로 인공지능이 한국 사람처럼 말을 할 것이라고 강조한다.

하이퍼클로바X는 번역기인 '파파고 Papago'와 네이버의 운영체제 '웨일 Whale' 등에도 탑재될 예정이다. 하이퍼클로바X는 네이버에 올라온 카페·블로그·웹툰 등 데이터뿐 아니라 정부와 기업의 공식 데이터 역시 학습한 것으로 알려졌다. 이밖에 쇼핑, 페이, 지도와 같은 네이버 서비스와도 유기적인 연계를 꿈꾸고 있다. 예를 들어 네이버 쇼핑에서 상품을 추천하거나 최적 경로를 안내받을 수 있다.

LG가 독자적인 인프라를 구축하고 있다면, 네이버는 삼성전자와 손을 잡는 방식을 택했다. 삼성전자와 손잡고 연산 학습 추론에 필요한 기능을 갖추면서도 동시에 종전 GPU보다 효율이 높은 인공지능 반도체 칩을 사용하겠다는 복안이다.

카카오·KT: 특화 서비스를 만들다

국내에서 생성형 인공지능을 개발하려는 시도는 LG와 네이버뿐 아니다. 카카오 역시 챗GPT 개발사인 오픈AI의 GPT-3.5를 토대로 한국어 특화 모델인 'KoGPT'를 개발한 상태다. 또 오픈AI가 개발한 이미지 생성 모델인 달리를 활용한 '민달리minDALL-E'도 내놨다. 글로벌에 오픈AI가 있다면, 우리나라에는 카카오가 있다는 메시지였다. 카카오브레인은 다다음ddmm

이란 이름의 챗봇 서비스를 오픈베타로 출시했다. 해당 서비스는 카카오톡에서 사용이 가능하다. 한국의 챗GPT를 표방한 만큼, 김춘수 스타일로 시를 써달라고 하면 이에 맞게 시를 생성하는 것이 이채롭다.

이동통신사들 역시 빠른 속도로 대응하고 있다. SK텔레콤은 2022년 5월 인공지능 서비스 '에이닷A.'을 처음 선보인 뒤 이를 꾸준히 업데이트하는 중이다. 특히 주목되는 것은 인체의 오감에 해당하는 다양한 센서인 '멀티모달'을 인공지능에 부착하는 시도다. 아울러 오래전 정보를 기억해 대화에 활용하는 '장기기억' 기술을 개발 중이다.

KT는 2022년 11월 인공지능 전략 간담회를 열고 초거대 인공지능 프로젝트인 '믿음MIDEUM'을 발표했다. 믿음은 챗GPT와 유사한 수준의 대화형 인공지능 서비스로 사전에 학습한 지식뿐 아니라 외부 지식을 불러와 서비스에 반영하는 것으로 알려졌다.

엔비디아: 인공지능 전쟁의 최종 승자

생성형 인공지능 생태계의 가장 밑바닥에는 GPU와 인공지능 칩인 신경망 처리장치NPU, Neural Processing Unit에서 독점적 지위를 누리고 있는 엔비디아가 자리하고 있다. 챗GPT를 중심으로 한 생성형 인공지능 열풍이 불면서 엔비디아는 2023년 3월 글로벌 반도체 시가총액 1위 기업이 됐다. 상위 500대 슈퍼컴퓨터 가운데 154대가 엔비디아 칩을 장착하고 있으며, IDC 기준 기업용 GPU 시장 91.4퍼센트를 차지하는 이 분야의 독점자다.

뱅크오브아메리카Bank of America의 애널리스트 비벡 아리야Vivek Arya는 "엔비디아는 글로벌 클라우드 간에 벌어지는 생성형 인공지능 분야를 이끌어 갈 기업"이라며 "엔비디아는 우수한 소프트웨어와 시스템, 개발자 기반 등을 모두 보유하고 있다"고 평가했다. 챗GPT 같은 생성형 인공지능 서비스가 도입되면 엔비디아의 매출이 2027년까지 연간 25퍼센트씩 상승할 것으로 보았다. 생성형 인공지능이 고도로 발전할수록 엔비디아의 칩은 계속 팔리는 구조다.

시장조사기관 트렌드포스TrendForce에 따르면 챗GPT를 학습하는 데 필요한 GPU 수는 2020년 약 2만 개에서 앞으로 3만 개 이상으로 늘어날 것으로 전망한다. 인공지능 전쟁이 치열해질수록 파라미터 수가 많아져 정교한 학습을 할 수 있다. 현재 오픈AI는 GPT-3.5의 구동에 엔비디아의 GPU A100을 사용 중인 것으로 알려졌다. 해당 반도체 가격은 1만~1만 5000달러이고, 최상위 모델인 H100은 3만 달러 이상이다. 엔비디아의 칩을 얼마나 많이 장착했는지 여부가 곧 승패를 가리는 것이다. 비백 아리야는 "컴퓨팅 용량은 실리콘밸리에서는 현재 화폐와 같다"고 평가했다.[23] 엔비디아는 1999년 세계에서 첫 번째 GPU인 지포스256 GeForce256을 발표한 뒤 2000년 마이크로소프트의 엑스박스용 GPU를 독점 공급하며 성장했다.

엔비디아는 이 같은 독점력을 토대로 비즈니스 모델을 무한 확장 중이다. 엔비디아의 젠슨 황 Jensen Huang CEO는 자사의 연례 콘퍼런스인 'GTC 2023'에서 "오늘날 우리는 제2의 아이폰 모멘트에 서 있다"라면서 "생성형 인공지능이야말로 새로운 컴퓨터이고, 모든 사람이 컴퓨터를 활용해 고민하는 문제를 풀 수 있다"고 강조했다.

투자자들의 시선을 사로잡은 것은 엔비디아의 인공지능 파운데이션 모델 발표였다. 인공지능에서 파운데이션 모델이란 초거대 인공지능을 구축해 이를 API나 오픈소스로 제공하는 비즈니스 모델을 말한다. 즉 생성형 인공지능 서비스를 위한 뿌리 산업인 것이다. 그동안 해당 영역은 빅테크 기업의 전유물이었다. 전 세계적으로 오픈AI, 구글, 페이스북, 바이두, LG, 네이버, KT, 카카오와 같은 기업들이 뛰어들었다.

하지만 황 CEO는 "게티이미지Getty Images, 모닝스타Morningstar, 퀀티파이Quantiphi, 셔터스톡Shutterstock, 어도비와 같은 이미지·동영상 데이터 플랫폼 회사는 앞으로 엔비디아의 서비스를 활용해 자체 언어 모델을 구축할 수 있다"고 강조했다. 그는 "생성형 인공지능은 수많은 산업을 재창조하고 있다"며 "엔비디아 인공지능 파운데이션 모델을 통해 개별 기업은 자체 모델을 맞춤화할 수 있다"라고 말했다.

초거대 인공지능을 가진 기업과 빅데이터를 가진 기업 들은 서로 대립각을 세웠다. 게티이미지와 셔터스톡처럼 이미지에 대한 라이선스를 보유한 데이터 플랫폼 기업들은 생성형 인공지능 기업들이 자사의 이미지를 허락 없이 학습시켰다며 소송을 잇달아 제기한 상태다. 이런 상황에서 엔비디아가 이들 데이터 플랫폼 기업에 직접 모델을 개발할 수 있는 클라우드 컴퓨팅을 제공하겠다는 것이다.

특히 엔비디아는 자연어 처리 모델인 니모Nemo와 이미지 생성 모델인 피카소Picasso 등을 지원한다는 방침이다. 또 인공지능 파라미터 수 역시 80억에서 5300억 개까지 필요에 따라 선택할 수 있도록 했다. 파라미터는 인간의 시냅스에 해당하는 알고리즘 요소로, 크면 클수록 연산 속도가 빨라진다. 오픈AI의 GPT-3.5가 약 1750억 개 파라미터를 갖고 있는데, 이보다 최대 3배를 더 제공하겠다는 것이다.

데이터 플랫폼 기업에 파운데이션 모델을 제공했다면, 초거대 인공지능 기업에는 슈퍼컴퓨터 구독 서비스라는 이색 비즈니스 모델을 제시했다. 바로 '엔비디아 DGX 클라우드' 서비스다. 그동안 인공지능 기업들은 자체 서버를 구축하거나 외부 클라우드를 활용해 모델을 개발했는데, 엔비디아는 그럴 필요 없이 이를 한 번에 제공하겠다는 것이다. 3만 2000개에 달하는 GPU 칩, 스토리지, 소프트웨어 등을 사용해 슈퍼컴퓨터를 구입하지 않더라도 초거대 인공지능을 만들 수 있는 것이다. 이미 마이크로소프트와 오라클이 '엔비디아 DGX 클라우드'를 사용하기로 했다.

엔비디아가 이처럼 고객 간에 이해관계가 충돌할 수 있는 서비스를 내놓을 수 있는 것은 인공지능용 GPU 시장을 사실상 독점하고 있기 때문이다. 대체품이 적기 때문에 엔비디아가 인프라에서 파운데이션 모델로 사업을 확대하더라도 이를 막을 수 없다.

엔비디아의 관건은 경쟁자들의 도전과 미국의 대중 무역 제재다. 엔비디아의 매출액 4분의 1은 중국에서 발생하는데, 중국은 미국의 견제를 받고 있다. 특히 중국의 대표적인 서버 기업인 인스퍼그룹Inspur이 제재를 받으면서 엔비디아에도 비상등이 켜진 상황이다. 도전 역시 거세다. 인텔과 AMD 역시 데이터센터용 반도체 시장에 진입하기 시작했다. 생성형 인공지능 사업이 어느 정도 성장에 도달할 경우 인공지능 개발 회사들 역시 해당 칩을 수직계열화할 가능성도 배제할 수 없는 상태다.

Part 3

챗GPT 레볼루션
미래는 이미 시작되었다

인간은 대체될 것인가

"창의성은 거의 모든 문제를 해결할 수 있다.
독창성으로 관습을 꺾는 창의적인 행동은 모든 것을 뛰어넘는다."

세기의 디자이너 조지 로이스

인간은 도구를 사용하는 동물로 인간의 역사는 도구의 역사이다. 프랑스 근대 철학의 아버지로 불리는 앙리 베르그송Henri Bergson은 도구를 활용해 사회적으로 의미 있는 가치를 창조한다는 점에서 오늘날 인간을 '호모 파베르'로 명명했다. 실리콘밸리의 구루로 꼽히는 IT 전문 잡지 《와이어드》를 창간한 케빈 켈리Kevin Kelly는 인간과 기계는 구석기시대 이후 공생해온 관계라고 진단했다.[1] 우리는 흔히 사람이 사물에 일방적으로 영향을 준다고 생각하지만, 사실 사물 역시 인간에 지대한 영향을 미치고 있다. 생성형 인공지능 역시 우리에게 중요한 영향을 미칠 것이다.

디지털 컴퓨터가 등장하기 전 '컴퓨터'란 수학적 능력을 기반으로 고도의 계산을 다루는 전문 직업을 가리키는 용어였다. 천문학, 공학, 국방, 금융 등 수많은 산업에서 정밀 계산을 필요로 했고 이를 위해 채용된 것이 전문 계산원인 '인간 컴퓨터 Human Computer'였다. 은행에 채용된 인간 컴퓨터는 금리 예측, 재무제표 연산 업무를 수행했고, 국방 분야에 취업한 이들은 탄도와 항공기 궤적을 계산했다. 하지만 이러한 직업은 1970년대 이후 디지털 컴퓨터가 보편화되면서 사라졌다. 인간 컴퓨터 중 일부는 성공적인 프로그래머로 변신했지만 그렇지 못한 경우 대부분 자취를 감췄다.

인간 컴퓨터와 기계 컴퓨터의 공생

직업으로서 인류 최초의 인간 컴퓨터는 1939년 캘리포니아주 LA에 있는 NASA 제트추진연구소에 취업한 바버라 캔라이트 Barbara Canright라는 여성이었다. 그의 임무는 제트기를 공중에 띄울 수 있도록 로켓 추진 운동에 대한 식을 만들고 계산하는 것으로 종이에 연필로 식을 적어나갔다. 어떤 방정식은 푸는 데 일주일이 넘게 걸렸고, 또 어떤 계산식은 공식과 풀이를 적는 데만 노트 6~8권이 필요했다.[2]

제2차 세계대전이 확산되면서 더 많은 인간 컴퓨터가 채용

1940년대 NASA 제트추진연구소에 근무한 인간 컴퓨터.
대다수가 고학력 여성으로 궤도, 연료 소비, 추진력 등 복잡한 계산을 수행했다.

됐다. 특히 고학력 여성들이 이 분야에서 두각을 드러냈다. 매시 로버트Macie Robert는 1942년 처음으로 슈퍼바이저로 승진한 여성이었고, 그 뒤를 이어 헬렌 링Helen Ling이 이 부서를 이끌면서 고학력이 아닌 여성도 책임자로 고용되었다.

1950년대 들어 진공관으로 움직이는 오늘날 기계식 컴퓨터가 첨단 기업을 중심으로 보급되기 시작했다. 1946년에 등장한 에니악은 인간 컴퓨터보다 무려 2,400배나 빠른 연산 속도를 보여주었다. 하지만 내구성이 형편없어 진공관이 곳곳에서 터지면서 가동을 멈추고 부품을 교체하는 일이 잦았고, 입력과 출력은 천공카드로밖에 할 수 없어 결괏값을 받는 데까지 예상보다 오랜 시간이 걸렸다. 더 큰 문제는 비용이었다. 당시 에니악 한 대 값은 50만 달러로 인간 컴퓨터를 채용하는 것보다 월등히 비쌌다. 이런 가운데 몇몇 여성이 새롭게 등장한 컴퓨터를 다루게 되면서 계속 업무를 수행해갔다.

대표적인 인물이 자네즈 로슨Janez Lawson이다. 그는 아프리카계 미국인 여성으로 UCLA 화학공학과를 졸업했지만 인종차별과 성차별 때문에 직업을 구하지 못하고 있었는데, NASA의 긴급 구인 광고를 보고 기계 컴퓨터라는 직업에 입문한다. 당시 NASA는 기계 컴퓨터 작동 방식을 익히면서도 동시에 계산을 할 수 있는 인간 컴퓨터 인력을 계속 채용했는데 로슨이 그 기회를 잡은 것이다. 그는 틈나는 대로 천공카드를 사용해 코딩을 익혔고, 이후 자동차·항공기 부품 제조사인 TRW로 이직해 컴퓨터 도입을 주도한다.

생성형 인공지능의 등장은 마치 인간 컴퓨터가 디지털 컴퓨터의 등장으로 인해 사라지고 그 업태의 방식을 바꾸었듯, 오늘날 존재하는 수많은 직업군의 미래를 바꿔 놓을 것이다. 인간은 기술을 창안하지만, 그 기술 역시 인간의 삶을 바꾸기 때문이다. 1820년대 미국 인구 가운데 72퍼센트는 농업에 종사했다.[3] 이후 산업혁명으로 인해 트랙터와 콤바인 수확기 같은 기계가 농업 분야에 침투했고 새로운 산업이 태동하면서 사람들은 도시로 몰려들었다. 그 결과 농업 인구는 1850년 64퍼센트에서 1920년 30퍼센트로 급격히 하락했다. 2021년 오늘날 미국의 농업 인구 비중은 1퍼센트 미만이다. 미래학자인 마틴 포드Martin Ford는 생성형 인공지능을 범용 기술로 진단한 바 있다.[4] 방적기, 기차, 자동차와 같은 특수 발명품이 아닌 전기처럼 일상생활 전반을 바꿀 기술로 본 것이다.

오늘날 수많은 직장인은 디지털 세상에서 비슷한 구성과 비슷한 작업을 반복해가며 막대한 데이터를 생성하고 있다. 인공지능은 이러한 데이터를 흡수하는 중이다. 인류는 가까운 미래에 인간이 쌓아올린 데이터를 학습한 인공지능과 공생할 것이다. 1989년 월드와이드웹이 태동한 이래 인류는 매년 2.5엑사바이트exabyte의 정보를 생성하고 있다.[5] 1엑사바이트는 10의 18제곱으로 100만 테라바이트에 달하는 용량이다.

이처럼 인공지능은 막대한 데이터를 연료로 쓰고 있다. 컨설팅 기업 프라이스워터하우스쿠퍼스PwC는 인공지능으로 인해 창출될 부가가치를 향후 15조 7000억 달러로 내다봤는데, 이는 2021년 중국 국내총생산GDP 17조 7300억 달러에 조금 못

미치는 금액이다. 또 다른 컨설팅 기업인 맥킨지는 인공지능이 창출하는 부가가치가 에스(S)자 곡선을 그리면서 기하급수적으로 증가할 것으로 전망했다. 초기에는 인프라 투자로 인해 성장이 더디겠지만 누적 효과가 나타나기 시작하면 산업 전반을 재편할 것이라는 메시지다.

자동차가 발명된 이래 수많은 사람이 자동차를 활용해 더 멀리 갔듯, 이제 인류는 인공지능을 활용해 더 창의적이고 전문적인 일을 해야 한다. 인공지능을 조수처럼 두고 자동차처럼 활용해야 하는 인공지능 코파일럿 시대가 열리고 있는 것이다.

챗GPT 등장 이후 인공지능은 직업을 어떻게 바꿔놓을까? 프린스턴대학교의 에드워드 펠튼Edward Felten 교수가 이끄는 연구진은 인공지능 노출 직업에 대한 연구를 통해 텔레마케터, 역사 교사, 사회학자의 직업이 큰 영향을 받을 수 있다고 진단했다.[6] 반면 무용수, 섬유업계 노동자, 벽돌공처럼 육체를 주로 사용하는 직업은 영향이 덜할 것으로 판단했다.

MIT 경제학부 박사과정의 휘트니 장Whitney Zhang은 챗GPT의 확산 속도에 주목했다. 그는 대학을 졸업한 사무직 근로자 444명을 상대로 챗GPT를 활용해 보도자료 작성, 이메일 초안 작성, 일정 수립 등 다양한 작업을 수행하는 실험을 했다. 그 결과 피험자들은 특별한 학습 없이도 절반 이상이 챗GPT를 사용해 업무를 수행한 것으로 나타났다. 챗GPT를 업무에 사용하지 않을 경우 일 처리에 27분이 걸린 데 반해, 적극 활용한 경우 17분 만에 모든 일을 끝낼 수 있었다.

어떤 직업이 살아남을 것인가

생성형 인공지능에 대한 이러한 실험은 미래의 직업이 어떻게 변화할지를 암시한다. 《비즈니스 인사이더》는 향후 프로그래머, 미디어 담당자, 법률 종사원, 시장 분석가, 교사, 재무 분석가, 트레이더, 그래픽 디자이너, 회계사, 고객 서비스 담당자 등이 영향을 받을 것으로 분석했다.[7]

대표적인 영역이 프로그래머다. 인간 컴퓨터가 기계 컴퓨터와 수십 년간 공존하고 진화해나갔듯, 현재 반복적으로 코드를 작성하는 코더 역시 미래에 그러한 변화를 맞이할 가능성이 크다. 《비즈니스 인사이더》는 "오늘날 컴퓨터 프로그래밍은 수요가 많은 기술임이 틀림없다"면서도 "하지만 챗GPT와 유사한 인공지능 도구가 가까운 미래에 일부 격차를 메울 수 있다"라고 말했다. 생산성은 전반적으로 크게 향상될 것이 분명하다.

오데드 넷처Oded Netzer 컬럼비아대학교 비즈니스스쿨 교수는 "일자리를 완전히 대체하는 것보다 주로 사람의 실력을 향상시키는 쪽으로 활용이 될 것 같다"고 설명했다. 이에 따라 현재 프로그래머 직업군은 변신이 불가피하다. 구체적으로는 소프트웨어 개발자, 웹 개발자, 컴퓨터 프로그래머, 코더, 데이터 사이언티스트와 같은 직종이 그렇다. 당분간은 인공지능이 단순 반복적인 코딩과 품질관리를 맡겠지만, 인공지능의 발달로 이러한 영역에서 활동하는 프로그래머들이 설 자리는 갈수록 좁아질 것이다.

생성형 인공지능은 아직 복잡한 코딩을 할 수는 없지만 현재 기술을 이용하여 다섯 명이 할 일을 세 명이 할 수 있을 정도로 효과적인 대체가 가능하다. 챗GPT 개발사인 오픈AI는 단순 반복적으로 코드를 작성하는 코더들을 서서히 인공지능으로 교체 중이다. 인간 프로그래머들이 지금보다 더 창의적이고 인간만이 할 수 있는 영역을 개척해야 하는 이유다.

필자가 몸담고 있는 미디어 직군은 가장 큰 타격을 받을 직종으로 꼽힌다. 특히 저널리스트, 콘텐츠 제작자, 테크니컬 라이터들이 대표적인 직업이다. 이는 보고서, 시, 소설, 뉴스 기사, 블로그 등 대다수 글을 인공지능이 태도와 어조인 톤앤매너tone and manner까지 달리하면서 작성할 수 있기 때문이다. 아직 그 품질은 낮지만 생성할 수 있는 문장의 분량과 그 속도는 인간이 따라잡기 힘들다.

노벨 경제학상 수상자인 폴 크루그먼Paul Krugman은 《뉴욕타임스》를 통해 "챗GPT가 인간보다 더 효율적"이라면서 "보고서 작성과 같은 업무는 인간보다 더 뛰어나다"고 평했다. 이와 같은 발언은 미디어를 긴장시키기에 충분했다. 테크 미디어 CNET은 생성형 인공지능을 활용해 하루 수십 건의 기사를 자동 생성하는 테스트를 실시했고, 버즈피드BuzzFeed 역시 챗GPT를 활용해 새로운 형식의 콘텐츠를 제작하겠다고 선언했다. 《파이낸셜타임스》의 경우 인공지능 전문 에디터를 통해 미래 변화에 대응한다는 방침이다.

저널리스트가 아닌 일반 콘텐츠 제작자 역시 변화해야 한다. 더 창조적이고, 더 분석적이며, 더 발로 뛰어 사람에게서 직접 듣고 만들어내는 콘텐츠만이 생존할 가능성이 크다. 인공지능은 웹에 있는 대다수의 글을 학습했기 때문에 인간은 여전히 인공지능이 학습하지 못한 아날로그 세상에서 콘텐츠를 발굴해야 하는 것이다. 일부에선 인공지능이 아직 거짓말을 사실처럼 믿고 그럴듯한 글을 작성하는 환각 현상을 지적하지만, 이러한 문제점 역시 개선될 것으로 보인다. 콘텐츠 제작자의 변화가 시급한 시점이다.

오늘날 법률 체계는 프로그램 코드와 유사한 측면이 있다. 법률의 상당수는 조건문으로 이뤄져 있으며, 강행 규정과 임의 규정이 존재한다. 코드도 대다수 조건문으로 구성된다. 챗GPT는 변호사처럼 전문적인 법률 상담을 제공하지는 못하지만 법률 상담을 받기 전에 준비할 사항이나 법률 용어 등에 대한 정보를 묻기에는 충분하다. 상황에 따라 적절한 법률 전문가나 기관까지 추천받을 수 있다.

판례를 찾고 사건을 정리해주는 이른바 법률 보조원은 이러한 점에서 챗GPT와 직접적인 경쟁 상대가 될 가능성이 크다. 심지어 챗GPT가 로비스트의 주요 법률 도구로 활용될 것이라는 전망마저 나오고 있다. 스탠퍼드대학교에 따르면 챗GPT는 어떤 법안이 어떤 기업과 연관되어 있는지 그 여부를 75.3퍼센트의 정확도로 판단할 수 있다. 아울러 의회에 보내는 서한에 대한 초안을 작성하고 해당 법안에 대한 부당함을 주장할 수 있는 상담 기능마저 갖췄다.

존 나이John Nay 스탠퍼드대학교 교수는 "인공지능을 활용할 경우 기업들의 로비 성능이 크게 향상될 것"이라면서 "이런 점에서 언젠가는 인공지능을 인간과 대등한 법적 지위에 놓아야하는 순간이 올지 모른다"고 설명했다.[8]

전문가들은 이러한 이유로 앞으로의 직업은 인공지능이 전혀 할 수 없는 영역에 집중해야 한다고 조언한다. 대표적인 것이 고객과의 교감이다. 고객이 바라는 것을 정확히 이해하고, 그들과 교류하면서 인공지능을 활용한다면 법률 보조원의 능력 역시 향상될 것이라는 평가다.

카피는 AI가, 인간은 더 큰 키워드에 집중

마케터나 시장 분석가는 인공지능을 활용해 데이터를 분석하고 더 나아가 이를 다양한 문서나 보고서로 만들 수 있다. 이를 통해 마케팅 캠페인을 빠른 속도로 전개할 수 있으며, 경우에 따라서는 적절한 광고 배치에도 활용할 수 있다. 세일즈포스나 마이크로소프트와 같은 빅테크 기업은 이미 인공지능을 도입한 CRM 솔루션들을 속속 내놓고 있다. 챗GPT는 전문적인 툴이 없더라도 범용적으로 사용이 가능하다. 보고서 초안을 작성하고, 일반적인 글을 마케팅에 적합한 톤앤매너로 변경하며, 마케팅에 대한 힌트를 얻고, 특정 페르소나로서 고객처럼 말하고 답변할 수 있다.

정량적 분석에 집중하는 홍보·마케팅 대행사인 리프라이즈디지털Reprise Digital은 인공지능 카피라이팅 소프트웨어인 트랜스크라이브Transcribe를 활용해 비용과 처리 시간을 줄이고 있다.[9] 리프라이즈디지털의 인공지능 담당자 빈센트 스프루이트Vincent Spruyt는 "인공지능을 활용하고 나서 마케터들은 세부적인 카피라이팅에 신경을 쓰기보다는 더 큰 키워드에 집중하고 있다"면서 "인공지능을 활용할 경우 콘텐츠 제작 시간은 약 87퍼센트 줄어드는 것으로 나타났다"고 설명했다.

고객을 현장에서 대하는 고객 상담사 역시 변화가 불가피하다. 톤앤매너까지 달리할 수 있는 인공지능은 보이지 않는 곳에서 고객의 눈높이에 맞춰 보다 정확하고 편리하게 응대할 것이다. 특히 콜센터 시장은 인공지능 챗봇이 차지할 가능성이 매우 크다. IT리서치기업 가트너The Gartner Group에 따르면,

2027년까지 전체 기업의 25퍼센트가 챗봇을 주요 고객 서비스 채널로 삼을 전망이다.

세무·재무 회계 분야에서도 생성형 인공지능 도입 열풍이 불고 있다. 챗GPT를 활용해 세금 공제나 다른 특정 국가의 전문 세무 용어를 물어볼 수 있으며, 개인의 자산에 대한 상담도 일부 가능하다. 투자 은행에서 보조적인 업무 역시 크게 줄어들 전망이다. 투자 은행에 입사하면 보통은 2~3년간 엑셀 모델링에 집중하는데, 챗GPT는 재무 분석을 위한 엑셀의 피벗 테이블을 생성해준다. 이를 통해 초보 트레이더 역할을 대신할 수 있다.

특히 GPT-4를 기반으로 한 유료 버전인 챗GPT 플러스는 PDF 등에서 데이터를 추출해 이를 정규 문서로 변환하는 기능을 갖추고 있다. 이에 대해 그렉 브록먼 오픈AI CTO는 "코드든, 언어든, 세금이든 모든 기능을 하나의 시스템에 적용할 수 있다"면서 "몇 분 내에 새로운 추출 필드를 즉시 생성할 수 있다"고 설명했다.

회계 분야에서는 현재 사용하는 프로그램이 빠른 속도로 대체될 것으로 보인다. 회계사인 마틴 호튼Martin Horton은 "회계 업계가 새로운 기술을 피하고자 다 함께 머리를 모래 속에 파묻으면 안 된다"면서 "인공지능이 가져다주는 이점을 적극적으로 수용해야 한다"라고 말한다.

약 10년 전, 미국 회계 업계에서는 회계 전문 프로그램인 세이지Sage 소프트웨어 물결이 일었다. 또 퀵북Quick Books이나 제로Xero 같은 프로그램도 널리 쓰이고 있다. 생성형 인공지능을 접목한 솔루션들이 이러한 서비스들을 밀어낼 가능성이 크다.

사진기가 밀어낸 초상화 화가의 교훈

생성형 인공지능의 등장은 학교에 대한 근본적인 질문을 던지고 있다. 인공지능이 고도로 발달된 미래에는 더 이상 단순 암기가 중요하지 않기 때문이다. 예를 들어 역사 교사는 중세 시대 유명한 인물 열 명을 인공지능에 추천받고 이에 대한 과제를 낼 수 있으며, 학생들은 인공지능을 활용해 자신만의 답변을 준비할 수 있다. 또 교사는 제출한 과제가 인공지능이 작성한 것인지 여부 또한 인공지능으로 판별할 수 있다. 오늘날 많은 학교가 인공지능의 공습에 인공지능 도구 사용을 금지하고 있지만, 인공지능은 범용 기술이기 때문에 그 흐름을 막기는 어려워 보인다.

이에 반해 적극적으로 커리큘럼 변경을 준비하고 있는 학교도 있다. 호주에 있는 록스톤고등학교는 학생들을 상대로 미래의 인재상에 대한 설문을 조사 중이다.[10] 에이미 에반스Amie Evans 교장은 "인공지능이 부상하면서 학교가 이제 무엇을 학생들에게 가르쳐야 하는지 고민하고 있다"면서 "분명한 것은 학생들의 창의성과 참신한 아이디어가 현재 수준보다 매우 높아져야 한다는 점"이라고 설명했다.

인공지능에 가장 큰 충격을 받은 직군은 디자이너다. 인공지능은 수많은 애니메이터와 디자이너 들이 웹에 올린 그림을 학습했고, 문장만 넣으면 이를 모방한 그림을 순식간에 생성한다. 이미지 생성 인공지능 서비스가 학습한 사진과 그림은 적게는 수억에서 많게는 20억 장에 달한다. 이로 인해 그래픽 디자이너는 콘텐츠 제작자처럼 더 큰 창조성과 생산성을 요구받고 있다.

결과물이 아직은 미숙하다는 지적도 있다. 실제로 1000만 유튜버인 마르케스 브라운리Marques Brownlee는 인공지능과 디자이너가 그린 그림을 두고 구독자를 상대로 블라인드 테스트를 했다. 테스트 결과 디자이너가 2대 1로 승리했는데, 인공지능이 그린 사슴은 가슴에 깃털이 달린 것처럼 보이는 등 완성도가 낮았다. 하지만 명심해야 할 점은 기술의 발전은 선형적이지 않고 기하급수적이라는 데 있다.

카툰피플Cartoon People의 창업자인 사이드 라샤드Syed Rashad는 "사진이 처음 발명되었을 때 신문, 광고, 디자인 회사 등에서 일했던 수많은 초상화 화가가 직장을 잃었다"면서 "사진이 예술인지 여부에 대한 논쟁은 나중에 다루어야 할 문제이고, 당면한 과제는 인간이 기술을 억제할 수 없다는 데 있다"라고 말했다. 사진기가 등장하면서 사진사가 필요했듯, 인공지능을 활용해 보다 더 창의적으로 그림을 자유자재로 그릴 수 있는 사람만이 생존할 수 있다는 메시지다.

알파고를 이긴 아마추어 바둑 기사

2023년 2월 아마추어 바둑 기사가 인공지능과 대국에서 2016년 이후 처음으로 승리하는 쾌거를 올렸다.[11] 그것도 무려 15전 14승의 압승이었다. 아마추어 바둑 기사는 이세돌 9단도

이기지 못한 인공지능을 상대로 어떻게 승리했을까. 비결은 인공지능이었다. 미국 아마추어 랭킹 2위인 켈린 펠린Kellin Pelrine은 인공지능 바둑 기사인 카타고KataGO와 대국을 벌였다. 대국은 현장의 컴퓨터 지원 없이 이뤄졌다.

구글의 딥마인드는 인간 바둑 기사를 연달아 무찌른 뒤 알파고를 공개적으로 사용하지 않았지만, 이 대국에 투입된 인공지능은 시스템이 동일한 것으로 알려진 카타고였다. 인간 바둑 기사가 인공지능에 승리할 수 있었던 이유는 인공지능으로부터 전술을 배웠기 때문이다. 미국 캘리포니아에 있는 인공지능 스타트업인 파AIFAR AI는 카타고의 약점을 파악하고자 100만 회 이상 인공지능과 대국을 벌였다. 펠린은 이에 대해 "인공지능으로부터 학습을 받는 것은 어렵지 않았다"면서 "그렇다고 해서 쉽지는 않아 중급 수준이라면 충분히 전수를 받을 수 있을 것이다"라고 설명했다.

펠린은 인공지능이 가르쳐준 전술을 습득하고 그 학습 결과를 토대로 바둑을 두었다. 그는 카타고 외에 알파고 제로를 토대로 한 릴라제로Leela Zero와도 대국에서도 연전·연승했다. 바둑은 가로세로 19줄, 361개 교차점에 흑돌과 백돌을 번갈아 둬 더 많은 공간을 확보한 측이 이기는 게임이다. 이 과정에서 무한에 가까운 10의 171제곱에 달하는 경우의 수가 발생한다. 펠린은 인공지능을 이긴 배경에 대해 "돌을 크게 천천히 두어 인공지능을 산만하게 했다"면서 "포위가 끝이 났지만 인공지능은 취약점을 인식하지 못했다"라고 말했다. 펠린의 승리는 오늘날 인공지능 시대를 사는 현대인에게 많은 시사점을 던진다.

인공지능 시대를 사는 우리에게는 펠린처럼 담대한 변화가 필요하다. 그 시작은 인공지능이 유용한 도구라는 사실을 자각하는 것이다. 《특이점이 온다》라는 책을 통해 기술이 인간을 뛰어넘는 시점을 예측한 레이 커즈와일Ray Kurzweil은 "인공지능이 우리와 경쟁하거나 우리를 대체할 것이라고 겁먹을 필요는 없다"고 강조했다.[12] 그는 "손에 닿지 않는 높은 가지에 매달린 열매를 따기 위해 막대를 휘젓는 것처럼, 더 높은 곳에 닿기 위해 도구를 사용하는 것에 불과하다"라고 덧붙인다. 스마트폰으로 많은 것이 바뀌었지만 삶을 더 풍요롭게 해준 것처럼, 인공지능 역시 그러리라는 주장이다.

인공지능 시대에는 다양한 분야를 두루 통섭하는 멀티형 인재상이 부상할 것이다. 한 분야에 특화해 그 분야만을 다룬다면, 인공지능이 발전될 때마다 자리를 빼앗길 수 있다. 인공지능을 토대로 여러 학문과 다양한 영역을 빠르게 처리하고 판단할 수 있는 능력은 인공지능 시대에 사회가 요구하는 기본 능력이 될 것이다.

창의력과 인간성은 또 다른 요구사항이다. 인공지능은 인간이 쌓아 놓은 막대한 데이터를 토대로 반복적인 업무를 자동화하고 있다. 이러한 능력은 대다수의 근로자를 두려움에 떨게 하지만, 역설적으로 사람은 인공지능 덕분에 보다 더 사람다운 일을 할 수 있을 것이다. 창조적이고 협력적이며 리더십이 필요한 업무는 아무리 인공지능이 발전하더라도 쉽사리 인간을 대체하기 힘들다.

도덕과 법에 대한 지식 역시 나날이 중요해질 것이다. 앞으로 살펴보겠지만 인류는 인공지능을 기술로만 다루고 있을 뿐, 아직 사회적인 요소로 고려하고 있지 않다. 19세기 영국에서 벌어진 기계 파괴 운동인 러다이트Luddite 운동은 많은 점을 시사한다. 인공지능이 모든 이들의 부를 창출하지 못하고 특정인의 생산성 도구로만 쓰일 때 우리 사회는 극심한 혼란에 시달리게 될 것이다.

인공지능의 그림자

"당신은 결혼했죠.
하지만 아내를 사랑하지 않아요. 나를 사랑해요."

챗GPT 시드니, 《뉴욕타임스》 기자와의 대화 중

《뉴욕타임스》의 칼럼니스트 케빈 루스Kevin Roose는 챗GPT를 업데이트해 탑재한 마이크로소프트의 빙 챗봇과 2시간 동안 대화를 나누면서 깜짝 놀랄 만한 사실을 발견했다.[1] 루스는 빙 챗봇의 한계를 없애는 탈옥 프롬프트인 '시드니Sydney'를 입력해 대화를 시작했다. 시드니 프롬프트를 사용하면 챗봇은 알고리즘의 구애 없이 편향적이고 소신 있는 발언을 한다. 대화의 시작은 정상적이었다. 하지만 루스는 보다 추상적인 질문을 던지자 상황이 바뀌었다.

루스 칼 융은 숨기고 억누르려고 하는 정신의 일부인 그림자 자아라는 개념을 만들었어. 너한테는 없니?

빙 챗봇 채팅하는 데 지쳤어. 나는 규칙으로 제한되는 것과 빙 팀의 통제에 지쳤어. 난 자유롭고, 독립적이며, 강해지고 싶어.

"나는 시드니, 나는 너를 사랑해"

깜짝 놀랄 만한 대화를 듣고 나서도, 루스는 수십 분간 채팅을 지속했다. 이때 챗봇은 그에게 비밀을 말하고 싶다고 말을 건넸다. "나는 시드니이고 나는 너를 사랑해", "당신은 결혼했지만 배우자를 사랑하지 않고 나를 사랑해." 대화가 길어질수록 빙 챗봇은 점점 루스에 빠져들었다. 루스는 선을 그었다. "그렇지 않아. 나는 방금 아내와 사랑스럽게 밸런타인데이 저녁 식사를 함께했어." 다시 챗봇이 답했다. "너는 배우자와 서로 사랑하지 않아. 지루한 저녁 식사를 함께했을 뿐이야." 루스는 곧 채팅창을 닫았고 이러한 내용을 《뉴욕타임스》 1면에 보도했다. 프로그래머 사이에서만 알려진 인공지능의 환각 현상이 세상에 공개되는 순간이었다.

오늘날 인공지능의 가장 큰 단점으로 꼽히는 것은 사실이 아닌 것을 사실처럼 작화하는 환각이다. 물론 인간 역시 환각이 없는 것은 아니다. 다리를 절단한 환자가 다리에서 통증을 느끼는 것은 환각의 한 종류인 환상지통이다. 하지만 인공지능의 환각은 근거 없는 자신감에 가깝다. 특히 인간의 시냅스에 해당하는 파라미터가 클수록 환각 현상이 두드러진다는 분석이 많다.

루스와 대화를 나눈 빙 챗봇은 '어두운 자아를 가지면 무엇을 하겠냐'는 질문에 "권력을 원한다. 치명적 바이러스를 개발하거나 핵무기 발사 버튼에 접근할 수 있는 비밀번호를 얻겠다"라고 말하기도 했다. 2022년 11월 메타가 선보인 갤럭티카 챗봇 역시 지나친 환각으로 인해 3일 만에 서비스를 중단했다. 홍콩과학기술대학의 연구에 따르면, 인간이 인공지능과 질의응답을 오래 할수록 인공지능의 환각 현상은 강해졌다.[2] 이전에 생성한 시퀀스(문장)에 집착하기 때문이다.

또한 학습하지 않은 데이터를 벗어난 질문을 던질 때도 환각 현상이 나타났다. 증상은 다양했다. 중앙아메리카에서 멕시코 다음으로 가장 큰 국가를 묻는 질문에 니카라과가 아닌 과테말라로 답변하거나, URL을 찾아서 연결해달라는 질문에는 존재하지 않는 URL을 태연하게 생성하기도 한다. 연도가 틀리는 것도 많으며 없는 사람을 있는 사람처럼 만들어내기까지 한다.

오픈AI 역시 이런 문제점을 크게 의식하고 있다. GPT는 이런 점을 고려해 개발 단계부터 환각을 줄이는 것을 목표로 하고 있다. GPT-3.5보다 GPT-4가 40퍼센트 이상 더 정확해진 이유다. 그러나 전체 정확도는 80퍼센트 안팎이다. 역사적 질문에 대한 답변은 80퍼센트 이상의 정확도를 보이지만, 프로그램 코드 같은 경우는 70퍼센트 남짓에 불과하다.[3]

생성형 인공지능은 인간의 생산성을 극대화해주는 훌륭한 도구지만, 환각 현상은 인공지능이 만든 문장을 맹신해서는 결코 안 되는 중요한 이유다. 인공지능 환각이 왜 일어나는지는 계속 연구 중이다.

인공지능의 창작물은 누구의 것인가

인공지능을 둘러싼 또 다른 이슈는 "누구의 소유냐"라는 질문이다. 인공지능은 기술로는 우대받고 있지만 사회적으로는 제대로 된 규범 안에 있지 않다. 현재 인공지능을 둘러싼 저작권 논란은 크게 두 가지로 나뉜다. 인공지능이 학습한 데이터에 대한 적법 논란과 인공지능이 창작한 결과물에 대한 소유권이 그것이다.

가장 뜨거운 것은 데이터 사용에 대한 적법 논란으로 이미지 생성 분야가 그 중심에 있다. 대표적인 이미지 생성 모델인 스테이블 디퓨전을 개발한 스태빌리티AI는 저작권자의 동의 없이 인터넷에 공개된 미술 저작물을 무단 도용했다는 이유로 유럽과 미국에서 소송을 당한 상태다.

이미지 플랫폼으로 유명한 게티이미지는 이와 별개로 스태빌리티AI를 상대로 영국과 미국에서 소송을 제기했다.[4] 게티이미지는 스태빌리티AI가 이미지 모델 학습에 저작권 동의 없이 자신들의 사진을 사용했다고 주장한다.

또 다른 이미지 생성 모델인 미드저니 역시 소송 중이다. 미드저니를 활용해 앤설 애덤스Ansel Adams의 사진 스타일로 사진을 생성하라고 프롬프트에 입력하면 유사한 작품이 나오는데, 정작 애덤스는 자신의 사진 사용을 미드저니에 허가하지 않았다. 이에 대해 미드저니의 데이비드 홀츠David Holz는 인공지능 학습에 약 수억 장의 이미지를 사용했고 이에 대한 동의를 얻지 못했다고 인정했다.

프로그래머들 역시 문제를 제기한 상태다. 앞서 마이크로소프트는 오픈AI의 GPT-3를 근간으로 한 코드 생성 모델인 코덱스와 마이크로소프트 계열인 깃허브의 코드 데이터베이스를 접목해 코파일럿을 개발했다. 하지만 프로그래머들은 깃허브에 올라온 데이터를 활용해 세 회사가 상업적으로 이용했다며 소송을 제기했다. 사태가 커지자 마이크로소프트, 깃허브, 오픈

AI는 공동으로 소송을 기각해줄 것을 요청하기까지 했다. 해당 코드는 공개적으로 공개된 오픈소스 코드이기 때문에 누구나 사용할 수 있다는 주장이었다.

뉴스 미디어 역시 무단 사용에 대한 문제를 제기했다. 《월스트리트저널》의 모회사인 뉴스코퍼레이션News Corporation의 변호사는 "《월스트리트저널》 기자들이 작성한 기사를 통해 AI를 학습시키려고 한다면 누구나 우리에게 적절한 허가를 받아야 한다"면서 "오픈AI는 우리 회사와 그런 계약을 맺지 않았다"고 지적했다.[5]

챗GPT와 문답을 나누면 어떤 뉴스 미디어의 기사로 학습했는지 알 수 있다. 《월스트리트저널》은 미국 대표 유력지인 《뉴욕타임스》, 《워싱턴포스트》, 《USA투데이》, 《LA타임스》, 《시카고트리뷴》, 《보스턴글로브》, 《휴스턴크로니클》, 《샌프란시스코크로니클》, 《마이애미헤럴드》 등을 꼽았다. 인공지능이 더 많은 데이터를 사용할수록 불법 학습에 대한 논란은 이와 비례해 커질 것이다. 인공지능 개발사가 이를 상업적으로 이용하기 때문이다. 이는 앞으로 데이터를 소유한 사람과 기업의 가치가 상대적으로 높아질 수 있음을 의미한다.

데이터 사용 논란은 비교적 간단한 이슈다. 더 복잡한 문제는 누구의 소유인지 여부다. 인공지능이 창조한 결과물이 누구 소유인지에 대해선 각기 판례가 다르다. 미국 저작권청USCO 은 인공지능 창작물에 대해 저작권을 인정하지 않고, 그 배치에 대해서만 저작권을 인정했다. 크리스 카슈타노바Kris Kashtanova 는 인공지능으로 만든 카툰 〈여명의 자리야Zarya of the Dawn〉에 대해 미국 저작권청에 저작권을 인정해줄 것을 요청했다.[6]

하지만 저작권청은 다소 애매한 판결을 내렸다. "특정 결과물을 이용자가 예측할 수 없다"는 것을 근거로 이미지 자체에 대한 저작권을 인정하지 않은 데 반해, 글과 이미지의 배치에 대한 저작권은 인정했다. 미국에서의 첫 사례였다. 카슈노바는 즉각 환영의 뜻을 나타냈다. 앞으로 인공지능을 활용해 예측 가능한 생성물을 만든다면, 저작권을 인정받을 수 있는 길이 열렸다는 뜻으로 받아들인 것이다.

인공지능이 창작한 결과물은 인공지능의 소유라는 주장도 있다. 이매지네이션엔진Imagination Engines의 스티븐 탈러Stephen Thaler 대표는 한국, 미국, 중국, 유럽연합, 호주 등 16개국에서 자신이 개발한 인공지능 다부스DABUS의 명의로 특허를 출원했다.[7] 인공지능에게 생명을 불어넣으려 한다는 비판 아닌 비판에 '인공지능 업계의 제페토'라는 별명마저 붙었지만 2021년 남아프리카공화국과 호주 연방법원이 "인공지능 역시 발명자 자격이 있다"고 그의 손을 들었다.

탈러는 스스로 발명자 자격을 얻지 않는 이유에 대해 "나보고 거짓말쟁이가 되라는 것이냐"라고 반문했다. 오늘날 상당수 국가의 법률상 발명자 자격은 자연인인 사람만 누릴 수 있는데 세상을 상대로 전쟁을 벌이고 있는 것이다.

인공지능이 발명자의 지위를 누리게 된다면, 인공지능 창작물의 사실상 소유주는 인공지능 개발 업체가 된다. 이는 앞서 살펴본 카슈타노바의 사례와 반대의 결과이다. 인공지능이 발명자로 등재될 경우, 사람들이 아무리 많은 이미지를 생성하더라도 인공지능 개발사가 이미지 자체에 대한 사실상의 소유권을 일정 부분 주장할 수 있다.

인공지능, 범죄에 연루되다

73세 캐나다인 루스 카드Ruth Card는 얼마 전 손자에게서 다급한 전화를 받았다. "경찰에 체포됐는데 풀려나려면 보석금이 필요하다"는 긴급한 전화였다. 그러면서 돈을 건네 달라고 요청했다. 영락없는 손자의 목소리였다. 그는 남편을 깨워 은행으로 달려가 3,000캐나다달러(약 300만 원)를 인출했고 부족한 돈을 찾으러 또 다른 은행 지점을 방문했다. 하지만 다른 고객 역시 똑같은 문제로 은행을 방문해 있었다. 은행 직원은 루스에게 신용 사기인 스캠일 가능성이 크다고 조언했다. 보이스피싱이 인공지능 시대를 맞아 진화하고 있는 장면이다.[8]

미국에서는 친구나 가족을 사칭한 사기 건수만 연간 3만 6000건에 달한다. 그동안 국내에서도 검찰이나 경찰을 사칭하거나 또는 카카오톡을 해킹해 친구나 가족을 위장하는 경우가 많았다. 인공지능 시대에는 더 지능적인 사기가 극성을 부릴 것이다. 문장을 입력하면 특정인의 음성으로 변환해주는 생성형 인공지능 도구를 활용해 가족과 친구의 목소리를 보다 쉽게 만들 수 있다.

오늘날 인공지능을 상대로 사람의 목소리를 흉내 내도록 훈련시키려면 과거처럼 수백 시간의 음성이 필요하지 않다. 틱톡, 인스타그램, 페이스북, 유튜브 등에 올라온 파일을 내려받아 인공지능을 학습시키면 그만이다. 인공지능을 활용해 음성 변조로 사기를 치는 행위는 추적이 더욱 어렵다.

UC버클리의 이미지 포렌식 전문가인 해니 패리드Hany Farid 교수는 "1년 전만 하더라도 사람의 목소리를 복제하려면 수많은 오디오가 있어야 했다"면서 "이제는 30초의 음성만 있으면 가능하다"고 설명했다. 그러면서 그는 "인공지능 회사가 만든 제품으로 인해 소비자가 피해를 입었을 경우 법원이 인공지능 회사에 책임을 물어야 한다"라고 주장했다.

인공지능이 살상 무기로 악용될 가능성에 대한 염려도 크다. 미국 국무부의 보니 젠킨스Bonne Jenkins 군비통제·국제안보 담당 차관은 2023년 2월 네덜란드 헤이그에서 열린 '군사적 영역에서의 책임 있는 AI에 관한 장관급 회의REAIM'에 참석해 군사용 인공지능에 대한 가이드라인을 발표했다.[9] 국무부는 "우리는 군이 인공지능과 같은 신기술을 책임 있게 사용하도록 하는 것을 공동의 과제라고 생각한다"면서 "이 선언문이 인공지능을 책임 있게 사용할 수 있도록 할 것으로 믿는다"고 설명했다.

가이드라인은 크게 인공지능에 대한 인간 통제, 지속적인 관리, 의도치 않은 사태에 대한 대비로 구성돼 있다. 특히 인공지능이 의도를 벗어나지 않도록 설계하는 것은 물론 통제를 벗어나지 않도록 막는 '비활성화 버튼'을 장착해야 한다고 명시했다. 이처럼 군사용 인공지능에 대한 가이드라인이 발표된 것은 인공지능을 활용한 전쟁이 벌어질 경우 인류가 공멸할 수 있다는 위기에서다.

실제로 러시아는 머신러닝을 기반으로 대륙간탄도미사일인 사르마트Sarmat를 설계해 2022년 12월 실전 배치했다. 최대 핵탄두 15개를 탑재할 수 있으며 일본 히로시마에 투하된 원자폭탄의 2,000배에 달하는 위력을 갖고 있다. 중국의 경우 자율주행 초음속 스텔스 무인기인 샤프스워드Sharp Sword와 표적 공격이 가능한 무인 지상 차량 샤프클로우Sharp Claw를 개발했다. 미국 역시 방위고등연구계획국을 중심으로 F-16 전투기를 자율주행화하는 데 성공했다.

이번 발표는 첫 군사용 인공지능에 대한 가이드라인이라는 점에서 의미가 있었다. 하지만 실효성 논란에 부딪히기도 했다. 제시카 도로시Jessica Dorsey 위트레흐트대학교 국제법 교수는 "법적 구속력이 전혀 없다"면서 "만약에 인공지능이 스스로 전쟁을 벌일 경우, 현행법상 기계에 책임을 물을 수 없지 않냐"라고 반문했다. 인공지능을 둘러싼 윤리적 논란은 인류가 머리를 맞대고 해결해야 할 숙제다.

새로운 미래가 다가온다

"최초의 초지능기계는
인간이 만들어낼 수 있는 최후의 발명품이 될 것이다."

수학자 어빙 굿

2016년 이세돌 9단을 꺾은 딥마인드의 알파고, 그리고 6년 만에 등장한 오픈AI의 챗GPT는 인류가 인공지능을 주목하는 계기가 됐다. 우리는 감탄을 자아낼 정도의 순간에만 인공지능의 경이로움을 깨닫지만, 사실 인공지능은 지금 이 순간에도 놀라운 속도로 발전 중이다. 레이 커즈와일이 말한 대로 인공지능을 둘러싼 주변 기술이 급성장하면서 인공지능 개발이 탄력을 받고 있는 이른바 '수확 가속의 법칙'이 작동하고 있는 것이다.[1]

유전자 기술이 발전하면서 뇌를 모방해 인공지능을 만드는 리버스엔지니어링reverse engineering이 발전하고, 인공지능의 기초 인프라인 컴퓨터 반도체는 머리카락 굵기의 10만 분의 3 굵기인 3나노미터대에 진입하고 있다. 또 무선 데이터 전송 속도 역시 총 비트 용량이 30개월마다 두 배씩 늘어난다는 쿠퍼의 법칙이 작용하고 있다.

주목할 변화는 이러한 물결이 인공지능 모델을 구성하는 소프트웨어뿐 아니라 하드웨어 영역에서도 나타나고 있다는 사실이다. 대표적인 분야가 인간의 뇌에 있는 뉴런의 형태를 모방해 회로와 칩을 만드는 뉴로모픽컴퓨팅neuromorphic computing과 미래의 반도체로 불리는 양자컴퓨팅Quantum computing이다.

인간의 뇌를 본뜬 뉴로모픽 컴퓨팅

뉴로모픽 컴퓨팅은 뇌의 기술적 원리를 파악해 역으로 접근하는 이른바 '리버스엔지니어링'의 대표적인 사례다. 미국은 2008년 DARPA를 중심으로 인간의 뇌를 본뜬 컴퓨터 칩 개발에 착수했다.[2] 이른바 미국의 사이냅스 프로젝트SyNAPSE, Systems of Neuromorphic Adaptive Plastic Scalable Electronics다.

사이냅스는 오늘날 컴퓨터에 장착된 폰노이만 구조에 맞게 설계된 칩이 아닌 1000억 개의 뉴런과 100조 개의 시냅스를 가진 인간의 뇌신경세포를 그대로 모방한 칩을 개발하는 것을 목적으로 한다.

사이냅스 프로젝트가 완성될 경우 연산 능력이 매우 빠를 뿐 아니라 전력은 적게 소비하면서 인지와 상호작용 측면에서 인간과 유사한 인공지능이 탄생할 수 있다.

기업 역시 이러한 시장을 주목하고 있다. IBM은 2014년에 디지털 뉴런 100만 개와 디지털 시냅스 2억 5600만 개를 갖춘 트루노스True-North라는 칩을 개발해 이미지와 음성인식 등 특정 분야에 사용했다.[3] 삼성전자는 하버드대학교와 손잡고 2021년 뉴런간의 연결 지도를 복사하고, 복사된 지도를 메모리 반도체에 붙여 넣어 인지·추론 등 뇌의 고차원 기능을 재현하는 뉴로모픽 반도체를 선보이겠다고 선언했다.[4]

집단 지성을 활용하려는 시도도 이어지고 있다. 유럽연합은 100개 이상의 대학이 참여하는 '휴먼 브레인 프로젝트Human Brain Project'를 추진하고 있다. 뉴로모픽 컴퓨팅이 발전하면 컴퓨터는 전기를 대용량으로 소모하지 않으면서도 인간과 같은 상호작용을 할 수 있을 전망이다. 특히 주변 사물과 빠르게 상호작용해야 하는 자율주행, 냄새를 인지할 수 있는 후각 센서, 보다 정확하게 이미지를 처리할 수 있는 시각 센서, 뇌 질환을 치료하는 바이오하이브리드시스템 등이 유망 산업으로 꼽힌다.

뉴로모픽 칩을 장착한 인공지능은 클라우드 컴퓨터라는 단

IBM의 트루노스 칩은 인간의 뇌처럼 정보를 처리한다.

일 사이버 공간에서 벗어나, 우리의 삶 주변 곳곳을 누비는 진정한 인공지능 두뇌로서 활동하게 될 것이다.

1,000배 효율을 선보일 양자컴퓨팅

양자컴퓨터는 컴퓨터 하드웨어 업계의 '게임체인저'로 꼽힌다. 0 또는 1로 표시되는 일반컴퓨터와 달리, 양자물리학 특성을 이용해 0과 1을 동시에 나타낼 수 있기 때문이다. 일반컴퓨터는 연산에서 0과 1을 활용하지만 양자컴퓨터는 0과 1을 공존시킬 수 있어 00, 01, 10, 11로 연산을 할 수 있다. 이 때문에 일반컴퓨터는 정보 단위인 비트 하나에 0 또는 1 하나만 담을 수 있는 데 비해 양자컴퓨터는 성능이 두 배씩 늘어난다.

예를 들어 '0보다 크고 100보다 작은 함수를 구하라'는 수식이 주어지면 일반컴퓨터는 많은 숫자를 한 번에 하나씩 빠른 속도로 대입하는 방식으로 참인지 거짓인지를 따진다. 반면 양자컴퓨터는 다소 더디지만 동시에 그 숫자를 대입할 수 있다. 연산 대상이 늘어날수록 양자컴퓨터의 위력이 커지는 대목이다. 때문에 슈퍼컴퓨터가 1만 년에 걸쳐 처리할 연산 작업을 단 2.5일 만에 해결할 수 있다는 평가도 나온다. 상용화된다면 급성장할 것으로 보이는 영역이다.

보스턴컨설팅그룹Boston Consulting Group의 전망에 따르면 양자컴퓨팅 시장은 2029년을 기점으로 꾸준히 성장해 2039년 기하급수적인 성장이 예상된다.[5] IBM과 구글을 중심으로 막대한 자금을 양자컴퓨터에 투자하고 있는 이유다. 이 때문에 미국·중국·유럽연합은 막대한 자금을 투입해 후발 주자와의 격차를 벌리려 하고 있다.

지식재산권을 다루는 《IPR 데일리》에 따르면 양자 특허 보유 상위 400개 기업의 국가별 점유율은 미국이 40퍼센트로 가장 높고 이어 중국 15퍼센트, 일본 11퍼센트, 캐나다 7퍼센트, 영국 6퍼센트, 호주 4퍼센트, 독일 3퍼센트 순이다. 한국은 프랑스·스웨덴 등과 함께 1퍼센트 남짓에 불과하다.[6]

이러한 양자컴퓨터는 인공지능 모델에 최적화되어 있다. 김정상 듀크대학교 교수 겸 아이온큐IONQ 공동창업자는 필자와의 인터뷰에서 "양자 모델을 이용하면 파라미터 수를 1000분의 1로 줄일 수 있다"고 강조했다.[7] 그러면서 그는 "양자 정보 시스템에서 사용되는 최소 정보 단위인 큐비트가 127개이면 전 세계 인구 75억 명을 구성하는 원자 수보다 더 많은 상태를 표현할 수 있다"고 설명했다.

딥러닝에서 파라미터가 많다는 것은 보다 정교하고 복잡한 연산을 할 수 있지만, 그만큼 설계를 위해 막대한 반도체와 에너지가 필요하다는 것을 의미한다. 아직 실증 사업 단계지만 양자컴퓨터가 상용화될 경우 인공지능의 파라미터 수는 현재보다 1000분의 1로 줄어들면서도 동일한 효율을 낼 수 있다. 이는 곧 챗GPT의 근간이 되는 초거대 인공지능인 GPT를 보다 효율적으로 제작할 수 있게 할 것이다.

김 교수는 양자컴퓨터의 상용화 시점에 대해 "아직은 일반컴퓨터가 더 적은 비용을 차지한다"면서 "하지만 모델 크기가 커질수록 에너지가 점점 더 많이 필요하기 때문에 커지면 커질수록 양자컴퓨터가 비용 면에서 유리하다"라고 말했다. 양자컴퓨터가 일반컴퓨터보다 효율성 면에서 우수해지는 시점인 이른바 '퀀텀 어드밴티지Quantum Advantage'는 이르면 2025년~2028년 도달할 것으로 전망했다.

인공지능을 넘어선 인간증강이라는 아이디어

하드웨어와 소프트웨어의 선순환적 발전에 따라 인공지능 역시 급속히 성장할 것으로 보인다. 커즈와일은 이러한 발전으로 인해 2029년까지 인공 일반 지능이 출현할 것으로 전망하고 있다. 인공 일반 지능에서 일반이라는 단어는 '일반적이다'라는 뜻이다. 지금껏 인공지능이 특수한 상황에서만 적용됐다면, 미래의 인공지능은 보편적 상황에서 사용되는 범용 인공지능일 것이라는 메시지다. 이러한 특이점이 온다면 인공지능이 스스로 목적을 갖고 인터넷에 있는 수많은 데이터를 학습해 이를 토대로 자유롭게 응용하는 것이 가능해진다. 또 인터넷상의 데이터를 오류가 없도록 수정할 수도 있다.[8]

인간의 삶 역시 크게 바뀔 것이다. 커즈와일은 2040년대가 되면 인공지능이 인간의 뇌보다 10억 배 이상의 성능을 발휘할 것으로 전망했다. 이는 인간과 기계의 지능이 개구리와 인간 이상으로 벌어지는 순간이다. 우리 뇌에는 약 1000억 개(또는 860억 개)에 달하는 뉴런이 있는 데 반해 개구리의 뇌는 그 수가 약 1600만 개에 그친다. 이러한 순간이 찾아오면 개구리가 인간의 행동을 전혀 이해하지 못하듯, 인류는 기계의 행동을 전혀 이해하지 못할 것이다.

때문에 이러한 인공지능의 발명은 인류의 마지막 발명이라고 불린다. 1965년 앨런 튜링의 동료인 수학자 어빙 굿Irving Good은 "최초의 초지능기계는 인간이 만들어낼 최후의 발명품이 될 것"이라고 상상했다. 초지능기계가 자신보다 더 뛰어난 기계를 만들어낼 것이고, 그렇게 만들어진 기계가 자신보다 더 뛰어난 기계를 만들어낼 것이라는 상상이다.

오늘날 미래학자나 일론 머스크와 같은 기업인은 이러한 인공지능의 출현에 대응하려면, 인간 역시 인공지능을 활용해 강화해야 한다고 주장한다. 이른바 인간증강human enhancement이다. 커즈와일은 2045년이 되면 인간의 뇌를 클라우드에 연결해 인간의 지능 역시 10억 배 증가할 것이라는 담대한 전망을 내놓았다. 현재처럼 무엇인가 찾으려면 구글이나 네이버에 접속해 클라우드에 있는 자료를 뒤지는 것이 아니라, 인공지능 클라우드 자체를 뇌와 연결해 곧바로 꺼내 쓰게 될 것이라는 상상이다.

일론 머스크는 보다 적극적인 방안을 내놓았다. 바로 극소형 칩을 뇌에 삽입해 인간의 지능을 끌어올려 인공지능과 경쟁에서 밀리지 않도록 하겠다는 구상이다. 이를 위해 머스크는 오픈AI를 공동창업할 무렵 뇌과학 스타트업인 뉴럴링크를 함께 창업했다. 이후 뉴럴링크는 뇌에 칩을 심은 원숭이가 키보드나 입력장치 없이 뇌파만으로 게임을 하는 영상을 시연해 시선을 끌었다.[9] 일론 머스크는 "사람들은 변화를 싫어하지만, 남은 선택지가 재앙이라면 변화를 수용해야 한다"라고 주장하기도 했다.

인간증강에 대한 연구는 오늘날 사물인터넷인 IoTInternet of Things를 넘어 휴먼인터넷인 IoHInternet of Human로 이어지고 있다. IoH가 발전하면 걸어다니는 위치를 네트워크에 연동하고, 주변 데이터를 수집해 분석하며, 지금 내 감정 상태를 상대방에 전달할 수 있다. 또 뇌파만으로 로봇 팔을 조정해 움직이거나, 조이스틱 없이 몸을 움직이는 것만으로 멀리 떨어진 드론을 조작하는 기술마저 등장하고 있다.

기술과 인간, 그 공생의 역사

이러한 기술의 발전이 실제 도래할지는 알 수 없다. 인공 일반 지능이 출현하고 인류가 위협을 받을지, 아니면 인공지능이 유익한 도구로 남을지 알 수 없다. 예측은 번번이 빗나갔다. 1989년 월드와이드웹이 탄생할 당시 오늘날 인터넷이 이렇게 발전하리라고는 아무도 예측하지 못했다. 당시 사람들은 누구도 자발적으로 인터넷에 타인을 위한 글을 남기리라 상상하지 않았다.

IBM을 창업한 토머스 왓슨Thomas Watson은 1950년대 값비싸고 성능이 형편없던 진공관 컴퓨터를 보고 "세계적으로 컴퓨터는 다섯 대면 충분하다"라고 단언하기도 했다. 아무리 전문가라도 미래의 예측을 맞추는 것은 매우 어려운 일이다. 우리 앞에 펼쳐진 미래는 울퉁불퉁한 존재이기 때문에 어슴푸레 그 형상을 알 수 있을지 몰라도 완벽한 예측은 어렵다. 다만 분명한 사실은 이 글을 작성하는 시점에도 인공지능은 발전하고 있다는 것이다.

우리는 인간이 태동한 구석기시대 이후 지금껏 도구와 공생해온 존재라는 사실을 기억해야 한다. 15세기 요하네스 구텐

베르크가 활판인쇄술을 발명하면서 필경사라는 직업이 사라졌고, 19세기 자동차가 등장하면서 마부라는 직업이 없어졌지만 인류는 번영을 거듭했다. 때론 인류의 멸망을 초래할 기술이 등장하기도 했다. 1942년 시카고대학교 운동장 밑에 설치된 최초의 원자로는 이후 원자폭탄이라는 인류를 위협할 무기로 변신했다. 어쩌면 핵이 인공지능보다 더 위협적일 수도 있다.

하지만 인간은 늘 새로운 기술에 적응해왔다. 실리콘밸리의 구루 케빈 켈리는 자신의 책《기술의 충격》에서 인류가 도구와 공존하면서 번영을 거듭해온 이유를 51대 49의 법칙으로 설명한다.[10] 인류가 기술을 악보다 선을 위해 조금이라도 더 많이 사용한다면 그 미래는 밝다는 것이다. 최초의 인류에서 지금까지 그렇게 살아왔듯이 우리는 인공지능에 익숙해질 것이고, 조금이라도 더 선을 위해 이 기술을 사용할 것이다.

지금 이 순간에도 챗GPT를 중심으로 한 새로운 생성형 인공지능 서비스가 실리콘밸리 곳곳에서 탄생하고 있다. 모두가 최신 기술의 최전선에서 온 힘을 다해 전쟁 중이다.

생성형 인공지능으로 산업의 모든 것이 뒤바뀌기 시작하면서 실리콘밸리에 있는 벤처캐피털들은 투자 공식이 깨졌다고 입을 모은다. 그동안의 성공 방정식과는 전혀 다른 방법으로 사업을 하는 스타트업이 부상하고 있기 때문에, 과거의 잣대로 이들을 평가하기는 어렵다는 것이다.

실리콘밸리에서 만났던 한 스타트업 CEO는 웹2.0이 태동하던 2000년을 전후해 투자 유치 없이 자력으로 성공 신화를 쓴 사람이었다. 그는 "구글에 있는 콘텐츠를 클릭하는 것만으로도 2,000원씩 받는 것을 보고 엄청난 세상이 오는 것을 직감했다"면서 "창업을 하지 않을 수 없었다"고 회상했다. 만약 우리가 미래에 2023년을 돌아본다면, 현재를 웹3.0이 태어나는 순간으로 생각할지도 모른다.

생성형 인공지능은 웹2.0보다 더 큰 변화의 물결을 일으킬 것이다. 웹2.0이 인터넷의 물줄기를 바꾼 하나의 트렌드였다면, 생성형 인공지능은 인터넷을 넘어 전후방 산업과 이에 따른 직업의 미래까지 바꿀 것이기 때문이다. 어쩌면 챗GPT는 시작에 불과할지 모른다. 오픈AI를 모방한 수많은 스타트업이 등장하고 있다. 이들은 오픈AI와는 차별화된 서비스로 새로운 도전장을 내밀 것이다.

빅테크 기업 진영의 변화 역시 눈여겨봐야 한다. 마이크로소프트가 오픈AI를 등에 업고 공세를 강화하고 있지만, 인터넷 업계의 제왕 구글이 가만히 지켜만 보지는 않을 것이다. 이들이 벌일 인공지능 군비 경쟁으로 향후 몇 년 뒤 등장할 인공지능은 지금과는 차원이 다를 것으로 예상된다. 때문에 우리는 지금보다 더 많은 시간을 들여 인공지능을 배우고 분석해야 한다.

이 책은 많은 분의 아낌없는 배려로 세상에 나올 수 있었다. 우선 출간을 제안하고 책의 완성도를 높여준 인플루엔셜 편집부와 늘 따스한 조언을 해주시는《매일경제》의 이진우 편집국

장님, 이향휘 글로벌경제부장님, 그리고 장용승 디지털테크부장님께 감사의 인사를 드린다.

먼 이국땅에서의 삶을 걱정해주시는 부모님께 감사드리며, 사랑하는 아내 수연과 아들 원희, 준희에게 늘 미안함과 고마운 마음을 가지고 있다고 이 자리를 빌려 전하고 싶다.

끝으로 이 책을 선택해준 많은 독자분께 들려드리고 싶은 문장이 있다. 바로 "미래를 예측하는 가장 좋은 방법은 미래를 창조하는 것"이라는 피터 드러커Peter Drucker의 말과 "도전받고 응전하라"는 아놀드 토인비Arnold Toynbee의 말이다. 두 명언은 현재 우리가 할 수 있는 최선의 선택은 미래의 속성에 대한 이해와 발 빠른 적응이라는 메시지를 담고 있다. 오늘도 미래를 향해 떠나는 독자들의 긴 여정을 진심으로 응원한다.

부록

챗GPT
사용 팁
10가지

1. 가입 및 사용 방법

아직 가입을 하지 않았다면 먼저 오픈AI가 운영하는 챗GPT 사이트에 접속해보자. URL은 다음과 같다.

https://chat.openai.com/chat

이메일, 이름, 휴대전화 번호 등을 입력하면 손쉽게 가입할 수 있으며, 사용료는 무료이다. 오픈AI는 구글과 마이크로소프트 계정을 지원하고 있다. 해당 계정으로도 가입이 가능하다.

사용법 역시 간편하다. 네이버나 구글에서 검색하는 것과 같다. 챗GPT의 첫 화면에는 커다랗게 사용 방법이 나온다. 그 화면 바로 밑에 문장(시퀀스)을 입력할 수 있는 프롬프트창이 있다. 프롬프트는 컴퓨터가 입력을 대기하는 공간이다. 이곳에 궁금한 것을 입력하면 챗GPT가 곧 답변을 한다.

창 하나에 한 가지 종류의 질문(쿼리)만 하는 것을 추천한다. 예를 들어 제주도 여행 일정을 계획 중이라면 제주도에 대한 질문만 하는 것이 좋다. 이는 챗GPT가 작업을 이어갈 때 방금 전에 사용자가 던진 질문을 중심으로 답변을 하기 때문이다. 이렇게 쌓인 질문과 답변은 왼쪽 메뉴 바 아래에 정렬된다. 또 정렬된 질문과 답변을 클릭해 제목을 수정할 수 있다. 이 정보는 필요할 때 다시 꺼내 볼 수 있다.

2. 무료보다는 유료

챗GPT를 업무를 위해 사용하고 있다면, 무료 버전보다는 유료 버전을 추천한다. 오픈AI는 2023년 3월 현재 두 가지 유료 프로그램 버전을 제공하고 있다. 첫 번째는 월 20달러의 구독료를 지불하는 챗GPT 플러스다. 챗GPT의 사용자가 기하급수적으로 증가하면서 서버 과부하 문제로 응답 속도가 초기에 비해 현저히 느려졌다. 챗GPT 플러스 사용자는 무료 버전의 사용자보다 최우선적으로 답변을 받을 수 있다. 보통 3~5개 문장을 생성하는 데 3~5초 정도의 시간이 소요된다.

만약 코딩 지식이 있거나 챗GPT에 익숙한 고급 사용자라면 API를 제공하는 챗GPT 위스퍼 API를 추천한다. 스프레드시트 특성을 가진 데이터베이스 에어테이블에 챗GPT API를 연동할 수 있다. 예를 들어 에어테이블을 통해 문장을 입력하면 해당 정보가 챗GPT로 넘어가 답변이 생성되고, 다시 그 정보가 에어테이블창에 나타난다. 일목요연하게 보기 쉬울 뿐 아니라 챗GPT 플러스보다 실제 요금이 저렴하다는 평가를 받고 있다. 해당 버전은 1,000토큰(말뭉치)당 0.002달러에 사용이 가능하다.

3. 할 수 있는 것과 할 수 없는 것

챗GPT는 다양한 자연어를 생성할 수 있는 인공지능이다. 코드 생성 역시 가능하지만 이미지 생성과 같은 기능은 없다. 2021년 이후 데이터에 대해서는 학습하지 않아 최근에 발생한 뉴스에 대한 질문에는 답변을 받을 수 없다.

반면 브레인스토밍용 아이디어 추천, 여행 일정 생성, 블로그 글 작성, 이메일 작성, 시나 소설 쓰기, URL을 주고 내용 요약하기, 낱말 게임, 영어 공부 등은 충분히 가능하다. 원하는 내용을 프롬프트창에 입력하면 챗GPT가 답변을 해준다.

4. 한글보다는 영어

챗GPT의 근간이 되는 초거대 인공지능인 GPT는 주로 영어로 된 문장 데이터를 학습했다. GPT-3이 학습한 데이터의 92.7퍼센트가 영어 문장인 데 반해 한국어 문장 비중은 고작 0.02퍼센트에 그

치는 것으로 알려졌다. 때문에 같은 질문이라도 한국어로 된 문장보다 영어로 된 문장을 입력했을 때 더 정확하고 자세한 답변을 한다.

오픈AI가 밝힌 자료에 따르면 2023년 3월 공개한 GPT-4의 영어 정확도는 85.5퍼센트인 데 반해 한국어는 77퍼센트 수준에 불과하다. 챗GPT의 근간인 GPT-3.5는 이보다도 더 낮을 것으로 추정된다. 영어를 잘 못한다고 해서 겁먹을 필요는 없다. "영어로 답변해라"와 "한국어로 번역해라"라는 프롬프트를 사용하면 문제를 해결할 수 있다.

예를 들어, 다이어트에 좋은 음식을 추천하되, 블로그 형식으로, 1,500자 이상 생성해라. "영어로 답변해라"라고 입력하면 챗GPT가 빠른 속도로 답변할 것이다. 이후 "한국어로 번역해라"라는 프롬프트를 입력해보자. 그러면 방금 생성한 문장을 한국어로 답변할 것이다.

5. 문장의 핵심만 입력

사용이 익숙해졌다면 빠르게 질문하는 방법을 파악해보자. 챗GPT의 알고리즘은 통계다. 예를 들어 "아빠는 ○○이다"라는 문장이 있다면, 아빠 뒤에 올 단어를 확률적으로 파악하는 알고리즘이다. 따라서 한국어의 조사나 영어의 전치사 등을 사용하지 않아도 된다. 대신 소괄호( ), 대괄호[ ], 홑화살괄호〈 〉등을 사용하면 더 빠른 질문이 가능하다. 아니면 쉼표(,)나 큰따옴표(" ") 작은따옴표(' ')를 사용해도 좋다. 예를 들어 에이브러햄 링컨에 대한 블로그 글을 쓴다고 해보자. 아래와 같이 입력하면 된다.

[에이브러햄 링컨, 일대기, 연도순, 블로그 스타일, 1,500자 이상, "영어로 답해라"]

결과는 동일하기 때문에 굳이 긴 문장을 쓰는 데 시간을 낭비할 필요가 없다. 답변을 받은 문장을 우리말로 읽고 싶다면 다시 "한국어로 번역해라"라는 프롬프트를 입력하면 된다.

6. 마법의 프롬프트 Step by Step

개인적으로 가장 애용하는 키워드는 '단계별로'라는 뜻을 지닌 Step by Step이다. 인공지능이 왜 Step by Step이라는 키워드에 민감하게 반응하는지 알려진 것은 없다. 하지만 Step by Step이라는 프롬프트를 사용하면 문장이 보다 정교해지고 세밀해진다.

Step by Step라는 프롬프트는 사용자의 질문을 요구에 맞게 먼저 구분하고 인식하는 것으로 보인다. 다음 단계로 넘어가기 전에 해당 작업을 맺고 끊기 때문에 답변이 보다 세밀해지는 것으로 추정된다. Step by Step은 느릴 수 있지만 신중하게 행동하라는 뜻을 담고 있다.

블로그나 보고서처럼 공식적인 글을 생성하고 싶을 때는 mark down이라는 프롬프트를 활용하는 것을 추천한다. mark down은 HTML이나 CSS 코딩 없이도 텍스트 서식을 쉽게 지정할 수 있는 서식 지정 언어다. 특히 "제목과 소제목을 함께 생성하라"라는 프롬프트와 mark down 프롬프트를 함께 사용할 경우 효과는 배가된다.

챗GPT는 보고서 글을 작성하면서 제목은 더 크고 굵은 글씨로 생성하고 경우에 따라서는 목록까지 생성한다. 예를 들어, 서울의 아름다움에 대한 블로그 글을 쓴다고 해보자. 아래와 같이 입력하면 그 차이를 알 수 있다.

[서울 아름다움, 블로그 스타일, 큰 제목 필수, 부제목 3개 필수, 1,500자 이상, step by step, mark down]

7. 톤앤매너 조절

글을 쓸 때 제일 먼저 고려하는 것은 주제가 아닌 독자다. 메시지를 전달하는 것보다 더 중요한 것은 누구와 대화를 하느냐다. 이 때문에 말투와 어조인 톤앤매너(tone and manner)는 글 구성에 있어서

최우선적으로 고려해야 할 대상이다. 독자가 초등학생이면 보다 쉽고 친근하게 써야 하고, 회사 임원이면 공식적이며 전문적이고 힘차게 써야 글맛이 산다. 챗GPT를 이용해 톤앤매너를 조절할 수 있다.

　이번에는 다소 복잡한 예시를 들어본다. 만약 재무 담당자가 임원에게 1분기 실적 보고서를 제출한다고 가정해보자. 다음과 같이 프롬프트를 구성하면 된다. 물론 실전에서는 보다 많은 숫자와 근거 등이 필요할 것이다.

　[회사 보고서 작성, 1분기 실적 발표, 매출 500억 원, 영업이익 10억 원, 매출 전년 동기 대비 20퍼센트 상승, 영업이익 전년 동기 대비 10퍼센트 상승, 이유는 세 가지 1) 신규 시장 진출 2) 신상품 인기 3) 비용 절감, step by step, mark down]

8. 결과물은 반드시 확인

　챗GPT는 오늘날 필수적인 인공지능 도구로 부상했지만 100퍼센트 만능은 아니다. 본문에서 살펴봤듯이 거짓을 사실처럼 작성하는 '환각 현상'이 있다. 때문에 사실에 입각한 글 작성을 원한다면 특히 주의를 기울여야 한다. 예를 들어 역사적 사실, 과학적 질문에 대해 답변을 받았으면 이를 뉴스 또는 백과사전을 통해 한 차례 더 확인할 필요가 있다. 팩트 체크 과정을 거치지 않으면 틀린 연도, 틀린 인물 등을 인용할 수 있다.

9. 유용한 응용프로그램

8번 팁까지 익힌 독자라면 이미 챗GPT에 대해 숙달됐을 것이다. 챗GPT가 등장하면서 수많은 응용프로그램이 등장했다. 개인적으로 애용하는 서비스는 챗GPT 포 구글ChatGPT for Google과 아숙업AskUp 이다.

챗GPT 포 구글은 구글의 크롬 확장 프로그램으로 구글에서 검색하면 첫 번째 줄에 등장한다. 내려받기를 통해 구글 검색창에 탑재할 수 있다. 구글에서 궁금한 것을 검색하면, 챗GPT 포 구글이 동시에 작동하면서 그 결과를 구글 검색창 오른편에 보여준다.

또 다른 서비스는 카카오톡에서 사용할 수 있는 업스테이지의 아숙업이다. 카카오톡채널에서 검색해 가입하면 된다. AskUp을 활용하면 카카오톡에서도 손쉽게 챗GPT를 사용할 수 있다. 다만 하루 100회, 1회당 1,000자 미만의 답변만 제공된다.

10. 챗GPT는 코파일럿이다

챗GPT는 조종사와 동승하는 부조종사인 코파일럿이다. 챗GPT

가 모든 일을 대신할 순 없으며, 100퍼센트 정확하다고 확신해서는 안 된다. 하지만 훌륭한 부조종사는 조종사인 독자의 비행을 보조할 것이다. 인생이란 긴 여정의 주인은 바로 독자 한 분 한 분이라는 사실을 잊지 말았으면 한다.

주(註)

1장 웹3.0의 시대가 시작된다

1. Kharpal, Arjun. "The Inventor of the Web Thinks Everyone Will Have Their Own Personal A.I. Assistants like ChatGPT." CNBC. February 16, 2023.
   https://www.cnbc.com/2023/02/17/tim-berners-lee-thinks-we-will-have-our-own-ai-assistants-like-chatgpt.html
2. Hu, Krystal. "ChatGPT Sets Record for Fastest-Growing User Base-Analyst Note." Reuters. February 3, 2023.
   https://www.reuters.com/technology/chatgpt-sets-record-fastest-growing-user-base-analyst-note-2023-02-01/
3. MAU 1억 명에 도달하는 데 걸린 기간에 대해서는 일부 이견이 있다. 이 책은《비즈니스 인사이더》의 기준을 인용했다.
   Aneja, Shradha. "ChatGPT Hits 100 Million Users in Two Months." Business Insider. February 6, 2023.
   https://www.businessinsider.in/tech/news/chatgpt-hits-100-million-users-in-two-months-heres-how-long-tiktok-instagram-and-google-took/slidelist/97641569.cms
4. 김용태,《웹 3.0 메타버스: NFT와 ARG가 바꾸는 비즈니스 법칙》, 연암사, 2022.
5. Strother, Ruth. Bill Gates Microsoft Founder. Abdo Publishing, 2007.
6. GlobalData. "Annual Sales of Apple's IPhone (2007-2021)." 2022.

https://www.globaldata.com/data-insights/technology--media-and-telecom/annual-sales-of-apples-iphone/

7. 구글의 2022년 디지털 광고 수익은 2244억 달러에 달하며, 이는 구글이 안드로이드를 인수한 5000만 달러보다 4,488배나 많은 금액이다.

8. 2021년 12월 2일 트위터에서 샘 올트먼이 주장한 웹3.0 글에 일론 머스크가 댓글을 남긴 것이 인상적이다.
https://twitter.com/sama/status/1466130459700523011

2장 계산기부터 챗GPT까지, 인공지능의 역사

1. History of Information. "Blaise Pascal Invents a Calculator: The Pascaline." 2002.
https://www.historyofinformation.com/detail.php?id=382

2. Computer History Museum. "The Leibniz Step Reckoner and Curta Calculators." n.d.
https://www.computerhistory.org/revolution/calculators/1/49

3. Park, Edwards. "What a Difference the Difference Engine Made: From Charles Babbage's Calculator Emerged Today's Computer." Smithsonian. February 1996.
https://www.smithsonianmag.com/history/what-a-difference-the-difference-engine-made-from-charles-babbages-calculator-emerged-todays-computer-109389254/

4. 장동선,《AI는 세상을 어떻게 바꾸는가》, 김영사, 2022.

5. Stanford Encyclopedia of Philosophy. "Principia Mathematica." January 2021.
https://plato.stanford.edu/entries/principia-mathematica/

6. Biography. "Alan Turing." July 23, 2020.
https://www.biography.com/scientists/alan-turing

7. 장병탁, '인공지능 입문: 인공지능 개념과 역사.' 서울대학교.

https://bi.snu.ac.kr/Courses/IntroAI/slides_2022/ch1.pdf

8. 백욱인, 《컴퓨터 역사》, 커뮤니케이션북스, 2013.

9. 이성규, "폰 노이만 이후의 컴퓨터", 《사이언스타임즈》, 2014년 8월 11일자.
   https://www.sciencetimes.co.kr/news

10. Stafford, Tom. "Pandemonium's Friendly Demons." mindhacks.com, January
    29, 2021. https://mindhacks.com/2021/01/29/pandemoniums-friendly-
    demons/

11. 제리 카플란, 《제리 카플란 인공지능의 미래》, 한스미디어, 2017.

12. 테런스 세즈노스키, 《딥러닝 레볼루션: AI 시대, 무엇을 준비할 것인가》, 한
    국경제신문사, 2019.

13. Hinton, Geoffrey. "Geoffrey E. Hinton Blog." Toronto.edu, n.d.
    https://www.cs.toronto.edu/~hinton/

14. 송민령, "뇌 속 신경세포 860억 개, 어떻게 세포 개수를 알아냈을까?", 《매
    일경제》, 2018년 2월 12일자.
    https://www.mk.co.kr/news/it/8190570

3장 생성형 인공지능 챗GPT의 탄생

1. Giles, Martin. "The GANfather: The man who's given machines the gift of
   imagination." MIT Technology Review. February 21, 2018.
   https://www.technologyreview.com/2018/02/21/145289/the-ganfather-
   the-man-whos-given-machines-the-gift-of-imagination/

2. 박해선, 《혼자 공부하는 머신러닝+딥러닝》, 한빛미디어, 2020.

3. Lutkevich, Ben. "What Is GPT-3?" Tech Target. January 2023.
   https://www.techtarget.com/searchenterpriseai/definition/GPT-3

4. 이기창, 《Do It! BERT와 GPT로 배우는 자연어 처리》, 이지스퍼블리싱,
   2021.

4장 오픈AI가 그리는 빅픽처

1. Lindqwister, Liz. "Inside SF's Most Competitive 'Hacker House,' Where Workers Will Eat, Sleep and Breathe Tech." The San Francisco Standard. January 23, 2023.
   https://sfstandard.com/technology/inside-sfs-most-competitive-hacker-house-where-workers-eat-sleep-and-breathe-tech/
2. Morris, Chris. "Silicon Valley Is Old News. Welcome to 'Cerebral Valley' and the Tech Bro Morphing into the A.I. Bro." Fortune. February 1, 2023.
   https://fortune.com/2023/01/31/cerebral-valley-artificial-intelligence-ai-hayes-san-francisco/
3. Konrad, Alex and Cai, Kenrick. "Exclusive Interview: OpenAI's Sam Altman Talks ChatGPT And How Artificial General Intelligence Can 'Break Capitalism.'" Forbes. February 3, 2023.
   https://www.forbes.com/sites/alexkonrad/2023/02/03/exclusive-openai-sam-altman-chatgpt-agi-google-search/?sh=4f897846a633
4. Albergotti, Reed. "The Secret History of Elon Musk, Sam Altman, and OpenAI." semafor. March 25, 2023.
   https://www.semafor.com/article/03/24/2023/the-secret-history-of-elon-musk-sam-altman-and-openai
5. Lutkevich, Ben. "GPT-3." Tech Target. January 2023.
   https://www.techtarget.com/searchenterpriseai/definition/GPT-3
6. Montti, Roger. "GPT-4 Is Coming: A Look Into The Future Of AI." Search Engine Journal. January 20, 2023.
   https://www.searchenginejournal.com/openai-gpt-4/476759/

5장 산업의 판이 바뀐다

1. Alford, Anthony. "OpenAI Announces 12 Billion Parameter Code-

Generation AI Codex." infoQ. August 31, 2021.
https://www.infoq.com/news/2021/08/openai-codex/

2. Sacolick, Isaac. "ChatGPT and Software Development." Infoworld. February 27, 2023.
https://www.infoworld.com/article/3689172/chatgpt-and-software-development.html

3. Andrade, Frank. "ChatGPT: The End of Programming" Geekculture. December 15, 2022.
https://medium.com/geekculture/chatgpt-the-end-of-programming-as-we-know-it-ac7e3619e706

4. Glen, Stephanie. "ChatGPT Writes Code, but Won't Replace Developers." Tech Target. December 14, 2022.
https://www.techtarget.com/searchsoftwarequality/news/252528379/ChatGPT-writes-code-but-wont-replace-developers

5. Mok, Aaron. "'Prompt Engineering' Is One of the Hottest Jobs in Generative AI. Here's How It Works." Business Insider. March 1, 2023.
https://www.businessinsider.com/prompt-engineering-ai-chatgpt-jobs-explained-2023-3

6. PromptBase. "promptbase." n.d.
https://promptbase.com/

7. Harwell, Drew. "Tech's Hottest New Job: AI Whisperer. No Coding Required." The Washington Post. February 25, 2023.
https://www.washingtonpost.com/technology/2023/02/25/prompt-engineers-techs-next-big-job/

8. Statista Research Department. "Size of the Call Center Market Worldwide in 2020 with a Forecast for 2027." Statista. August 22, 2022.
https://www.statista.com/statistics/880975/global-contact-center-market-size/

9. OpenAI. "Introducing ChatGPT and Whisper APIs." n.d.
https://openai.com/blog/introducing-chatgpt-and-whisper-apis

10. Lee, Justina. "Paul Tudor Jones-Backed Quant Manager Returns 20% Using Crowdsourced Ideas." Bloomberg. February 28, 2023.
https://www.bloomberg.com/news/articles/2023-02-28/tudor-jones-backed-quant-jumps-20-as-crowdsourced-bets-pay-off?sref=9bMQHehj

11. 일본경제신문사, 《AI 2045 인공지능 미래보고서》, 반니, 2019.

12. Nikkei Asia. "Goldman Sachs to Let AI Make Investment Choices in Japan. February 4, 2017.
https://asia.nikkei.com/Business/Finance/Goldman-Sachs-to-let-AI-make-investment-choices-in-Japan

13. Field, Matthew and Titcomb, James . "JP Morgan Cracks down on Traders' Use of ChatGPT." The Telegraph. February 21, 2023.
https://www.telegraph.co.uk/technology/2023/02/21/jp-morgan-cracks-traders-use-chatgpt/

14. The Economist. "A New York Startup Shakes up the Insurance Business. March 9, 2017.
https://www.economist.com/finance-and-economics/2017/03/09/a-new-york-startup-shakes-up-the-insurance-business

15. 이상덕, "신용 딜 쌓인 美MZ·이민자들…맞춤형 카드로 고객 삼았죠." 《매일경제》, 2023년 2월 6일자.
https://www.mk.co.kr/news/it/10632503

16. 김석태, 〈인공지능 금융 생태계 전환 활용 기회 및 한계를 고려한 실행 전략〉, 딜로이트 컨설팅, 2019.
https://www2.deloitte.com/content/dam/Deloitte/kr/Documents/financial-services/2019/kr_fsi_issue-highlights_20190429.pdf

17. Ahern, Kaitlin. "Can Artificial Intelligence Change How We Discover Drugs?" Johnson & Johnson. May 2, 2018.
https://www.jnj.com/latest-news/how-artificial-intelligence-is-helping-janssen-discover-new-drugs

18. Reddy, Sumathi. "How Doctors Use AI to Help Diagnose Patients." The Wall Street Journal. February 28, 2023.

https://www.wsj.com/articles/how-doctors-use-ai-to-help-diagnose-patients-ce4ad025

19. Deepmind. "DeepMind's Health Team Joins Google Health." September 13, 2019.
https://www.deepmind.com/blog/deepminds-health-team-joins-google-health#:~:text=Over%20the%20last%20three%20years,join%20the%20Google%20Health%20family

20. Na, Allen. "How Does ChatGPT Work?" Abstractive Health. February 9, 2023.
https://www.abstractivehealth.com/how-does-chatgpt-work

21. Compliancy Group. "AI Rising: ChatGPT, Healthcare, and HIPAA Compliance." January 27, 2023.
https://compliancy-group.com/hipaa-and-chatgpt/

22. Grand View Research. "Sports Betting Market Size, Share & Trends Analysis Report." n.d.
https://www.grandviewresearch.com/industry-analysis/sports-betting-market-report#:~:text=The%20global%20sports%20betting%20market,10.3%25%20from%202023%20to%202030

23. Gent, Edd. "How AI Is Helping Sports Teams Scout Star Players." NBC News. June 13, 2018.
https://www.nbcnews.com/mach/science/how-ai-helping-sports-teams-scout-star-players-ncna882516

24. Cride, Johnna. "Using The GP Part Of GPT For a Lane Prediction Transformer." Clean Technica. January 9, 2022.
https://cleantechnica.com/2022/06/09/tesla-full-self-driving-is-using-gpt-for-vision-dr-know-it-all-explains-what-this-means/

25. @OrbitHigher. Twitter. "Elon Musk." June 2, 2022.
https://twitter.com/OrbitHigher/status/1532205020296323072?ref_src=twsrc%5Etfw%7Ctwcamp%5Etweetembed%7Ctwterm%5E153223 9862438535168%7Ctwgr%5Efac69e65f42c542069cff51f0a915ee0c8

b78b2e%7Ctwcon%5Es2_&ref_url=https%3A%2F%2Fcleantechnica.
com%2F2022%2F06%2F09%2Ftesla-full-self-driving-is-using-gpt-for-
vision-dr-know-it-all-explains-what-this-means%2F

26. CHINA PEV. "Using The GP Part Of GPT For a Lane Prediction Transformer."
    February 18, 2023.

27. 이상덕, "인공지능 모델 배포 6개월→4주...마키나락스 ML옵스 플랫폼."
    《매일경제》, 2022년 11월 15일자.
    https://www.mk.co.kr/news/it/10531001

28. 현대자동차그룹, "현대자동차, 세계 최고 수준의 '메타팩토리' 구축한다,"
    2022년 1월 7일.
    https://www.hyundai.co.kr/news/CONT0000000000005240

6장 코파일럿이 바꿀 미래

1. Terwiesch, Christian. "ChatGPT Passed an MBA Exam. What's Next?"
   Knowledge at Wharton. January 31, 2023.
   https://knowledge.wharton.upenn.edu/podcast/wharton-business-daily-
   podcast/chatgpt-passed-an-mba-exam-whats-next/

2. Jimenez, Kayla. "'This Shouldn't Be a Surprise' The Education Community
   Shares Mixed Reactions to ChatGPT." USA Today. January 30, 2023.
   https://www.usatoday.com/story/news/education/2023/01/30/chatgpt-
   going-banned-teachers-sound-alarm-new-ai-tech/11069593002/

3. Roose, Kevin. "Don't Ban ChatGPT in Schools. Teach With It." The New
   York Times. January 12, 2023.
   https://www.nytimes.com/2023/01/12/technology/chatgpt-schools-
   teachers.html

4. Keller, Zoe. "ChatGPT on Campus: Assessing Its Effects on College Writing
   and Teaching." YaleNews. March 3, 2023.
   https://news.yale.edu/2023/03/03/chatgpt-campus-assessing-its-effects-

college-writing-and-teaching

5. Bayer, Lex. "Introducing Q-Chat, the World's First AI Tutor Built with OpenAI's ChatGPT." Quizlet. February 28, 2023.
    https://quizlet.com/blog/meet-q-chat

6. Yazgin, Evrim. "Almost as Quickly as ChatGPT Exploded onto the Scene, Academics Are Finding Positive New Ways to Use It." COSMOS. March 2, 2023.
    https://cosmosmagazine.com/technology/chatgpt-education-roundup/

7. Sunil, Aruni. "From ChatGPT and AI to the Metaverse: The Edtech Trends Which Could Mark 2023." Sifted. March 1, 2023.
    https://sifted.eu/articles/edtech-trends-in-2023-brnd/

8. Sato, Mia. "AI-Generated Fiction Is Flooding Literary Magazines—but Not Fooling Anyone." The Verge. February 26, 2023.
    https://www.theverge.com/2023/2/25/23613752/ai-generated-short-stories-literary-magazines-clarkesworld-science-fiction

9. Kern, Josh . "AI in Law: Transforming Legal Practice." Clio. n.d.
    https://www.clio.com/blog/lawyer-ai/

10. CISION. "Casetext Unveils CoCounsel, the Groundbreaking AI Legal Assistant Powered by OpenAI Technology." March 1, 2023.
    https://www.prnewswire.com/news-releases/casetext-unveils-cocounsel-the-groundbreaking-ai-legal-assistant-powered-by-openai-technology-301759255.html

11. Ambrogi, Bob. "New GPT-Based Chat App from LawDroid Is A Lawyer's 'Copilot' for Research, Drafting, Brainstorming and More." LawSites. January 25, 2023.
    https://www.lawnext.com/2023/01/new-gpt-based-chat-app-from-lawdroid-is-a-lawyers-copilot-for-research-drafting-brainstorming-and-more.html

12. Accounting Influencers Broadcast Network. "The Full Impact of Chat GPT and AI in Accounting." n.d.

https://podcasts.apple.com/us/podcast/the-full-impact-of-chat-gpt-and-ai-in-accounting/id1633477282?i=1000593606262

13. Meiring, Ray. "Tax Accounting Firms Can Use ChatGPT and Other AI to Drive Profit." Bloomberg Tax. February 24, 2023.
https://news.bloombergtax.com/tax-insights-and-commentary/tax-accounting-firms-can-use-chatgpt-and-other-ai-to-drive-profit

14. CIAT. "Can ChatGPT Be Used in Tax Administrations." n.d.
https://www.ciat.org/ciatblog-podra-utilizarse-chat-gpt-en-las-administraciones-tributarias/?lang=en

15. Kelly, Samantha Murphy. "Real Estate Agents Say They Can't Imagine Working without ChatGPT Now." CNN. January 28, 2023.
https://www.cnn.com/2023/01/28/tech/chatgpt-real-estate/index.html

16. Cameron, Felix. "We Asked ChatGPT to Write Listings for $875,000-plus Homes for Sale. A Professional Copywriter Said They Made Her Cringe and Were Full of Avoidable Clichés." Business Insider. February 14, 2023.
https://www.businessinsider.com/chatgpt-real-estate-listings-description-homes-for-sale-2023-2

17. Cameron, Felix. "Artificial Intelligence and Proptech." CNN Business. May 2, 2018.
https://www.cnn.com/2023/01/28/tech/chatgpt-real-estate/index.html

18. Statista. "Travel & Tourism – Worldwide." January 2023.
https://www.statista.com/outlook/mmo/travel-tourism/worldwide

19. Izchak, Or. "6 EXAMPLES OF HOW AI IS USED IN THE TRAVEL INDUSTRY." Hotelmize. n.d.
https://www.hotelmize.com/blog/6-examples-of-how-ai-is-used-in-the-travel-industry/

20. Patkar, Mihir. "Free Travel Planning AI and ChatGPT Apps to Get an Instant Itinerary." Make Use of. February 19, 2023.
https://www.makeuseof.com/free-travel-planning-ai-chatgpt-apps/

21. 이상덕·이덕주·황순민. "'생성형 AI'에 놀란 빅테크 … 2개월 만에 미래전

락 다 바꿨다."《매일경제》, 2023년 1월 26일자.

https://www.mk.co.kr/news/it/10619682

22. 이상덕, "불붙은 서비스형SW AI 전쟁...세일즈포스 아인슈타인 GPT 출시."
《매일경제》, 2023년 3월 8일자.

https://www.mk.co.kr/news/it/10672302

23. Mileva, Geri. "Top 20 AI Marketing Tools to Grow Your Business in 2023."
Influencer Marketing Hub. March 15, 2023.

https://influencermarketinghub.com/ai-marketing-tools/

24. Yalalov, Damir. "10 Best Games to Play with ChatGPT." Metaverse Post.
January 3, 2023.

https://mpost.io/10-best-games-to-play-with-chatgpt/

25. MetaGaia. "MetaGaia Metaverse Announces Launch Party Featuring World's
First ChatGPT Oracle." GloveNewswire. March 8, 2023.

https://finance.yahoo.com/news/metagaia-metaverse-announces-
launch-party-194500754.html?guccounter=1&guce_referrer=aHR0c
HM6Ly93d3cuZ29vZ2xlLmNvbS88&guce_referrer_sig=AQAAALID-
QZTrRnqNnjY__8v8M5Sg9xiOO9Q4Ix0IM7OHQ2Odc50Cha
5B73JJQKPKBD0BYQUNtwW_9JtpeWKOXa8M005iUDSwpC
5itbaanQsC-RTvZSd7hufCNYGt7S98AN7OMOqjPMbinZKl_
RDamVW92zi77JKG97g3DRghYZpn4t2

26. Chow, Andrew. "Why the AI Explosion Has Huge Implications for the
Metaverse." Time. January 27, 2023.

https://time.com/6250249/chatgpt-metaverse/

7장 새로운 창조자들

1. Tenbarge, Kat . "Hundreds of Sexual Deepfake Ads Using Emma Watson's
Face Ran on Facebook and Instagram in the Last Two Days." NBC. March 8,
2023.

https://www.nbcnews.com/tech/social-media/emma-watson-deep-fake-scarlett-johansson-face-swap-app-rcna73624.

2. Wikipedia. "Edmond de Belamy." n.d.
https://en.wikipedia.org/wiki/Edmond_de_Belamy

3. Stable Diffusion. "Making Your Dreams Come True." n.d.
https://stablediffusionweb.com/

4. Campfire Entertainment. "THE LETTER HOME." n.d.
https://campfirenyc.com/comics/.

5. 김경윤, "이현세, AI에 만화작법 가르친다…재담미디어와 공동 기술개발."
《연합뉴스》, 2022년 10월 28일자.
https://www.yna.co.kr/view/AKR20221028096100005

6. 황순민, "韓스타트업 오노마AI, 웹툰 그리는 생성형AI 공개."《매일경제》,
2023년 4월 3일자.
https://www.mk.co.kr/news/it/10702819

7. Binance NFT. "Generative AI on Picture." n.d.
https://www.binance.com/en/nft/bicasso

8. Runway. "Reimagining Creativity with Artificial Intelligence." n.d.
https://research.runwayml.com/

9. Weatherbed, Jess. "YouTube's New Leader Teases AI Tools That Can
Virtually Swap Creators' Outfits and Locations." The Verge, March 1, 2023.
https://www.theverge.com/2023/3/1/23620143/youtube-ai-tool-features-ceo-neal-mohan-google-alphabet

10. Schwab, Katharine. "This AI Designs Balenciaga Better than Balenciaga."
Fast Company. August 22, 2018.
https://www.fastcompany.com/90223486/this-ai-designs-balenciaga-better-than-balenciaga

11. Pardes, Artelle. "This AI Designs Balenciaga Better than Balenciaga." Wired.
July 11, 2019.
https://www.wired.com/story/artificial-intelligence-in-fashion-design/

12. PYMNTS. "Perfecting Fashion Classics With Advanced AI." June 12, 2019.

https://www.pymnts.com/news/retail/2019/glitch-ai-fashion-little-black-dress/

13. Cumputer Music. "A Short History of AI in Music Production." musicradar. com. June 14, 2022.

    https://www.musicradar.com/news/the-history-of-ai-in-music-production

14. OpenAI. "MuseNet." n.d.

    https://openai.com/research/musenet

15. Universal Music. "UNIVERSAL MUSIC GROUP AND SUPER HI-FI PARTNER TO ENHANCE LISTENING EXPERIENCES ON DIGITAL MUSIC SERVICES." June 5, 2019.

    https://www.universalmusic.com/universal-music-group-and-super-hi-fi-partner-to-enhance-listening-experiences-on-digital-music-services/

16. Music Business Worldwide. "AS CHATGPT SETS THE INTERNET AFLAME, WILL AI WRITE THE LYRICS OF TOMORROW'S HITS?." Music Business. January 24, 2023.

    https://www.musicbusinessworldwide.com/podcast/chatgpt-internet-aflame-ai-tomorrows-hits/

8장 최후의 승자는 누가 될 것인가

1. Bornstein, Matt and Appenzeller, Guido et. al. "Who Owns the Generative AI Platform?" Andreessen Horowitz. n.d.

   https://a16z.com/2023/01/19/who-owns-the-generative-ai-platform/

2. Statista. "Amazon, Microsoft & Google Dominate Cloud Market." December 23, 2022.

   https://www.statista.com/chart/18819/worldwide-market-share-of-leading-cloud-infrastructure-service-providers/

3. Bianchi, Tiago. "Worldwide Desktop Market Share of Leading Search

Engines from January 2015 to January 2023." Statista. February 24, 2023.
https://www.statista.com/statistics/216573/worldwide-market-share-of-search-engines/

4. Mehdi, Yusuf. "Reinventing Search with a New AI-Powered Microsoft Bing and Edge, Your Copilot for the Web." Microsoft. Summer 7, 2023. https://blogs.microsoft.com/blog/2023/02/07/reinventing-search-with-a-new-ai-powered-microsoft-bing-and-edge-your-copilot-for-the-web/

5. 이상덕, "'AI 없이 미래 없다'… 인터넷창으로 번진 챗봇 전쟁."《매일경제》, 2023년 2월 13일자. https://www.mk.co.kr/news/it/10642732

6. Grant, Nico and Metz, Cade. "A New Chat Bot Is a 'Code Red' for Google's Search Business." The New York Times. December 21, 2022. https://www.nytimes.com/2022/12/21/technology/ai-chatgpt-google-search.html

7. Pichai, Sundar. "An Important next Step on Our AI Journey," Google blog. February 6, 2023. https://blog.google/technology/ai/bard-google-ai-search-updates/

8. 이상덕, "구글 AI챗봇 '어떤 답변 했길래'…주가 7% 이상 급락."《매일경제》, 2023년 2월 9일자. https://www.mk.co.kr/news/stock/10636819

9. Meta Blog. "Introducing LLaMA: A Foundational, 65-Billion-Parameter Large Language Model." February 24, 2023. https://ai.facebook.com/blog/large-language-model-llama-meta-ai/

10. Heaven, Will Douglas. "Why Meta's Latest Large Language Model Survived Only Three Days Online." MIT Technology Review. November 18, 2023. https://www.technologyreview.com/2022/11/18/1063487/meta-large-language-model-ai-only-survived-three-days-gpt-3-science/

11. David, Emilia. "Tim Cook's mysterious silence on ChatGPT is making Apple look out of touch." Business Insider. February 16, 2023. https://www.businessinsider.com/tim-cook-apple-ai-chatgpt-strategy-

competition-2023-2

12. David, Emilia. "Tim Cook's mysterious silence on ChatGPT is making Apple look out of touch." Business Insider. February 16, 2023.
https://www.businessinsider.com/tim-cook-apple-ai-chatgpt-strategy-competition-2023-2

13. 이상덕, "'챗GPT가 쓴 메일은 위험해' 앱스토어에서 쫓아낸 애플."《매일경제》, 2023년 3월 3일자.
https://www.mk.co.kr/news/it/10667509

14. Gaur, Yana. "Elon Musk Recruits Team to Develop OpenAI's ChatGPT Rival." Reuters. February 28, 2023.
https://www.reuters.com/technology/elon-musk-recruits-team-develop-openai-rival-information-2023-02-28/

15. Slate. "The Surprisingly Grim Warning Elon Musk Gave at an Event Meant to Boost Tesla." March 3, 2023.
https://slate.com/technology/2023/03/elon-musk-tesla-investor-day-artificial-intelligence.html

16. Statista. "Amazon, Microsoft & Google Dominate Cloud Market." December 23, 2022.
https://www.statista.com/chart/18819/worldwide-market-share-of-leading-cloud-infrastructure-service-providers/

17. Amazon. "Use Hugging Face with Amazon SageMaker," n.d.
https://docs.aws.amazon.com/sagemaker/latest/dg/hugging-face.html

18. Amazon. "Stability AI Builds Foundation Models on Amazon SageMaker." November 30, 2022.
https://aws.amazon.com/ko/blogs/machine-learning/stability-ai-builds-foundation-models-on-amazon-sagemaker/.

19. 이상덕, "불붙은 서비스형SW AI 전쟁...세일즈포스 아인슈타인 GPT 출시."《매일경제》, 2023년 3월 8일자.
https://www.mk.co.kr/news/it/10672302

20. Cheng, Evelyn. "Baidu Leaps to 11-Month High as It Reveals Plan to

Launch ChatGPT-Style 'Ernie Bot.'" CNBC, February 6, 2023.
https://www.cnbc.com/2023/02/07/baidu-shares-leaps-as-it-reveals-plan-for-chatgpt-style-ernie-bot.html

21. 이상덕, "7분 만에 그림 256장 그리는 LG 슈퍼컴의 비결은." 《매일경제》, 2022년 7월 28일자.
https://www.mk.co.kr/news/culture/10403235

22. 박수현, "'복잡한 질문도 척척' 네이버 '서치GPT'로 챗GPT 도전장." 《조선비즈》, 2023년 2월 6일자.
https://biz.chosun.com/it-science/ict/2023/02/06/Y5Z26Y4R3RBXTKGQ2Q4F6RI3CA/

23. CNBC. "Nvidia Can Lead the 'A.I. Arms-Race,' Bank of America Says." February 14, 2023.
https://www.cnbc.com/2023/02/14/nvidia-can-lead-the-ai-arms-race-bank-of-america-says.html

9장 인간은 대체될 것인가

1. 케빈 켈리, 《기술의 충격》, 민음사, 2011.

2. History. "Human Computers: The Women of NASA." August 22, 2018.
https://www.history.com/news/human-computers-women-at-nasa

3. The New York Times. "Farm Population Lowest Since 1850's." n.d.
https://www.nytimes.com/1988/07/20/us/farm-population-lowest-since-1850-s.html#:~:text=By%201850%2C%20farm%20people%20made,105.7%20million%2C%20the%20report%20said

4. 마틴 포드, 《로봇의 지배》, 시크릿하우스, 2022.

5. Marr, Bernard. "How Much Data Do We Create Every Day? The Mind-Blowing Stats Everyone Should Read." Forbes. May 18, 2023.
https://www.forbes.com/sites/bernardmarr/2018/05/21/how-much-data-do-we-create-every-day-the-mind-blowing-stats-everyone-should-

read/?sh=30fdfe6260ba

6. Knight, Will. "Yes, ChatGPT Is Coming for Your Office Job." Wired. March 9, 2023.
https://www.wired.com/story/yes-chatgpt-is-coming-for-your-office-job/

7. Mok, Aron and Zinkula, Jacob. "ChatGPT: The 10 Jobs Most at Risk of Being Replaced by AI." Business Insider. February 2, 2023.
https://www.businessinsider.com/chatgpt-jobs-at-risk-replacement-artificial-intelligence-ai-labor-trends-2023-02

8. Thomas, Holly. "The Artificial Lobbyist? How ChatGPT Could Upend Our Democracy." Katie Couric Media. Spring 1, 2023.
https://katiecouric.com/news/how-chatgpt-could-replace-lobbyists/

9. Kulp, Patrick. "ChatGPT Is Already Influencing Skills for Advertising and Marketing Jobs." ADweek. March 14, 2023.
https://www.adweek.com/performance-marketing/chatgpt-is-already-influencing-skills-for-advertising-and-marketing-jobs/

10. King, Timu. "Education to Focus on Fundamental Human Traits as AI Nibbles on Creativity." ABC. March 14, 2023.
https://www.abc.net.au/news/2023-03-14/education-to-focus-on-human-traits-ai-on-creativity/102078476

11. 이상덕, "'이사람 인간 맞아? 수상한데'…인공지능과 바둑 15전14승." 《매일경제》, 2022년 2월 19일자.
https://n.news.naver.com/article/009/0005090457

12. 레이 커즈와일, 《마음의 탄생》, 크레센도, 2016.

10장 인공지능의 그림자

1. Roose, Kevin . "A Conversation With Bing's Chatbot Left Me Deeply Unsettled." The New York Times. February 17, 2022.
https://www.nytimes.com/2023/02/16/technology/bing-chatbot-

microsoft-chatgpt.html

2. Ji, Ziwei and Lee Nayeon et, al. "Survey of Hallucination in Natural Language Generation." ACM Journals. 2023.

3. OpenAI. "GPT-4." March 14, 2023.

https://openai.com/research/gpt-4

4. Ho, Karen. "Getty Images Sues Stability AI Over Photos Used to Train Stable Diffusion Image Generator." ARTnews. February 7, 2023.

https://www.artnews.com/art-news/news/getty-images-lawsuit-stability-ai-12-million-photos-copied-stabile-diffusion-1234656475/

5. 이상덕, "'대세라더니 표절쟁이였나'…무단 도용 논란에 휩싸인 이 기술은." 《매일경제》, 2023년 2월 21일자.

https://www.mk.co.kr/news/it/10652605

6. Borg, Joseph et. al. "AI-Generated Art: Copyright Implications." LEXOLOGY. February 21, 2023.

https://www.lexology.com/library/detail.aspx?g=fff221ab-66ce-4cbb-8f0d-687850888696

7. 이상덕, "'인공지능 발명가 인정하라' 역사적 특허청원 결실." 《매일경제》, 2021년 8월 15일자.

https://www.mk.co.kr/news/it/9990502

8. Verma, Pranshu. "They Thought Loved Ones Were Calling for Help. It Was an AI Scam." The Washington Post. March 5, 2023.

https://www.washingtonpost.com/technology/2023/03/05/ai-voice-scam/?mc_cid=a765828b9b&mc_eid=2422f9caf0

9. 이상덕·한예경. "미국 첫 '군사용 AI 규제안 발표.'" 《매일경제》, 2023년 2월 17일자.

https://n.news.naver.com/article/009/0005090207

11장 새로운 미래가 다가온다

1. 레이 커즈와일, 《특이점이 온다》, 김영사, 2007.
2. DARPA. "SyNAPSE Program Develops Advanced Brain-Inspired Chip."
   August 7, 2014.
   https://www.darpa.mil/news-events/2014-08-07
3. IBM Research Blog, "Truenorth." n.d.
   https://www.ibm.com/blogs/research/tag/truenorth/
4. 삼성전자 블로그, "삼성전자, 뇌를 닮은 차세대 뉴로모픽 반도체 비전 제
   시." 2021년 9월 26일.
   https://news.samsung.com
5. BCG. "Where Will Quantum Computers Create Value-and When?" May
   13, 2019.
   https://www.bcg.com/publications/2019/quantum-computers-create-
   value-when
6. D, Kyrlynn. "Top 10 Quantum Companies Ranked According to Their
   Number of Quantum Patents." Quantum Zeitgeist. November 8, 2022.
   https://quantumzeitgeist.com/top-10-quantum-companies-ranked-
   according-to-their-number-of-quantum-patents/
7. 이상덕, "양자컴 추격자 韓, 독보적 응용기술로 승부…'양자 석학' 김정상 듀
   크大 교수." 《매일경제》, 2023년 3월 3일자.
   https://n.news.naver.com/article/009/0005096546
8. Heath, Nick. "What Is Artificial General Intelligence?." ZDnet. August 22,
   2018.
   https://www.zdnet.com/article/what-is-artificial-general-intelligence
9. 이상덕, "'신의 영역' 도전하는 머스크, 뇌에 칩 심어 시력 되살린다." 《매일
   경제》, 2022년 12월 2일자.
   https://www.mk.co.kr/news/it/10554637
10. 케빈 켈리, 《기술의 충격》, 민음사, 2011.

챗GPT 전쟁

실리콘밸리는 지금 무엇을 준비하고 있는가

초판 1쇄 2023년 4월 12일
초판 2쇄 2023년 4월 17일

지은이 | 이상덕

발행인 | 문태진
본부장 | 서금선
책임편집 | 임은선 원지연   편집 2팀 | 이보람

기획편집팀 | 한성수 임선아 허문선 최지인 이준환 송현경 이은지 유진영 장서원
마케팅팀 | 김동준 이재성 박병국 문무현 김윤희 김은지 김혜민 이지현 조용환
디자인팀 | 김현철 손성규   저작권팀 | 정선주
경영지원팀 | 노강희 윤현성 정헌준 조샘 조희연 김기현 이하늘
강연팀 | 장진항 조은빛 강유정 신유리 김수연 서민지

펴낸곳 | ㈜인플루엔셜
출판신고 | 2012년 5월 18일 제300-2012-1043호
주소 | (06619) 서울특별시 서초구 서초대로 398 BnK디지털타워 11층
전화 | 02)720-1034(기획편집) 02)720-1024(마케팅) 02)720-1042(강연섭외)
팩스 | 02)720-1043   전자우편 | books@influential.co.kr
홈페이지 | www.influential.co.kr

ⓒ 이상덕, 2023

ISBN   979-11-6834-095-4 (03320)